# Ostacoli e Opportunità: La Forza del Pensiero Positivo

## Trasformare le Sfide in Trampolini di lancio per una vita di successo e benessere

di Gabriele Forte

# <u>Sommario</u>

# Introduzione

*Illustrazione del tema del libro: il viaggio verso la felicità e il benessere interiore*

L'essenza del nostro libro risiede nell'esplorazione del viaggio verso la felicità e il benessere interiore. Questo viaggio non è solo un percorso, ma un'avventura che ci porta a scoprire le profondità della nostra mente e del nostro cuore. Attraverso queste pagine, esploreremo i sentieri che ci conducono alla felicità quotidiana e al benessere duraturo.

La ricerca della felicità è un obiettivo universale, desiderato da tutti noi. Tuttavia, spesso ci troviamo ad inseguirla all'esterno di noi stessi, cercandola in successo, ricchezza o relazioni. Il nostro libro propone un nuovo approccio: anziché cercare la felicità al di fuori di noi, impariamo a coltivarla dall'interno. Esploriamo i segreti della mente e del cuore, scoprendo come possiamo coltivare la gioia e la serenità indipendentemente dalle circostanze esterne.

Il benessere interiore è una condizione in cui ci sentiamo pienamente realizzati, in pace con noi stessi e con il mondo che ci circonda. È una sensazione di equilibrio e armonia che permea ogni aspetto della nostra vita. Nel nostro libro, esploreremo le pratiche e le tecniche che ci aiutano a coltivare questo stato di benessere interiore, consentendoci di vivere con maggiore vitalità, consapevolezza e compassione.

Ogni pagina è progettata per ispirare, educare e guidare il lettore lungo questo cammino. Attraverso storie di esperienze personali, esercizi pratici e approfondimenti filosofici, ci impegneremo a esplorare i territori inesplorati della mente e del cuore, scoprendo nuove strade verso la gioia e la realizzazione.

Che tu stia iniziando il tuo viaggio o che tu sia già sulla strada, il nostro libro ti accompagnerà con sostegno lungo il tuo percorso personale di crescita interiore.

Ciao, sono Gabriele Forte, e ti do il benvenuto nel mio mondo. È un luogo di riflessione, crescita e scoperta personale, e sono felice di condividere con te un po' del mio viaggio.

La mia ricerca di benessere interiore ha avuto inizio in un momento di profonda incertezza nella mia vita. Mi sono ritrovato a fare i conti con le domande fondamentali su chi fossi veramente e su cosa volessi davvero dalla vita. È stato un periodo di sfide e di lotta interiore, ma è stato anche il momento in cui ho iniziato a guardare dentro di me per trovare le risposte che cercavo.

Durante un periodo buio della mia vita, mi sono trovato ad affrontare sfide e dolori personali che sembravano insormontabili. È stato un momento in cui il peso del mio stesso dolore si è amalgamato con quello delle persone a me più care, costringendomi ad affrontare una serie di difficoltà emotive e mentali. In mezzo a questa tempesta, ho scoperto un riflesso di luce che ha illuminato il cammino della mia crescita personale.

Attraverso una serie di esperienze e riflessioni profonde, ho iniziato un viaggio di auto-esplorazione e crescita interiore. Ho cercato di mettere da parte il mio dolore personale per concentrarmi su quello degli altri, abbracciando la sofferenza come parte integrante del cammino umano e trasformando le sfide in opportunità di crescita e trasformazione.

Nel corso di questo percorso, ho avuto modo di incontrare diverse filosofie di vita e strumenti di sviluppo personale che mi hanno aiutato a trovare equilibrio, saggezza e compassione nella mia esistenza quotidiana. Ho imparato l'importanza di pratiche come la meditazione, la riflessione e la gratitudine, che hanno arricchito il mio approccio alla vita e al benessere interiore.

La consapevolezza di sé è diventata una parte fondamentale del mio percorso di crescita personale. Ho imparato ad accettare i miei limiti e le mie imperfezioni, mentre ho coltivato le mie forze e le mie passioni. Ho cercato di mantenere uno spirito di apertura e di curiosità, continuando a imparare e a crescere in ogni fase della mia vita.

Ho imparato che la felicità non è qualcosa da cercare all'esterno, ma piuttosto una condizione interiore che possiamo coltivare ogni giorno. Ho imparato che la vera felicità risiede nella gratitudine per le piccole cose, nella connessione con gli altri e nell'accettazione di sé stessi. Ho imparato ad ascoltare il mio corpo, ad ascoltare le mie emozioni e ad ascoltare il mio cuore.

Non sono qui per dirti come vivere la tua vita o come trovare la felicità. Sono qui semplicemente per condividere con te le mie esperienze, le mie riflessioni e le mie scoperte personali.

## *Perché è importante la crescita personale nella vita moderna*

Nella vita moderna, la crescita personale è diventata più importante che mai. In un mondo in costante cambiamento e pieno di sfide, la capacità di adattarsi e crescere è essenziale per affrontare le sfide e prosperare. La società odierna è caratterizzata da un ritmo frenetico, da una crescente complessità e da una maggiore interconnessione globale. In questo contesto, la crescita personale diventa un faro di luce che ci guida attraverso le tempeste che la vita ci costringe ad affrontare.

La crescita personale ci offre gli strumenti necessari per navigare le acque tumultuose della vita. Ci aiuta a sviluppare la consapevolezza di noi stessi e del mondo che ci circonda, consentendoci di prendere decisioni più informate e significative. Inoltre, ci equipaggia con le competenze e le risorse necessarie per affrontare le sfide quotidiane con resilienza e determinazione.

Nella società odierna, dove il successo è spesso misurato in base a parametri esterni come il denaro, il potere e il prestigio, la crescita personale ci aiuta a riscoprire il vero significato della felicità e del benessere interiore. Ci insegna che la vera ricchezza risiede nella nostra salute mentale, emotiva e spirituale, e che il vero successo è quello che ci fa sentire soddisfatti e realizzati.

In un'epoca in cui l'ansia, lo stress e la depressione sono sempre più diffusi, tale crescita assume un'importanza ancora maggiore. Ci aiuta a coltivare la resilienza emotiva e a sviluppare strategie di coping efficaci per affrontare le sfide della vita. Inoltre, ci insegna a gestire le nostre emozioni in modo sano ed equilibrato, consentendoci di vivere una vita più piena e soddisfacente.

Quando ci impegniamo a migliorare noi stessi, diventiamo modelli positivi per gli altri e ispiriamo il cambiamento nella nostra comunità e nel mondo. La nostra crescita può avere un impatto duraturo sulle persone che ci circondano, creando un effetto a catena che si estende ben oltre i confini della nostra vita personale.

La crescita personale è fondamentale per vivere una vita significativa e soddisfacente nella società moderna. Ci aiuta a superare meglio gli ostacoli e a riscoprire il vero significato della felicità e del benessere, oltre a diventare agenti di cambiamento positivo nel mondo. Investire nella nostra crescita personale non è solo un atto di auto-amore, ma anche un investimento nel nostro futuro e in quello delle generazioni a venire.

# Capitolo 1: La Felicità Quotidiana

La felicità, un termine tanto semplice quanto profondo, è il fulcro intorno a cui ruota gran parte della nostra esistenza. Ma cosa significa veramente essere felici? È una domanda che ha affascinato filosofi, psicologi e pensatori per secoli. La felicità è un'esperienza soggettiva, un mix di emozioni positive che ci fanno sentire in pace con noi stessi e con il mondo che ci circonda.

Per molti, è associata a momenti di gioia travolgente: il sorriso di un bambino, una vittoria personale, o una serata trascorsa in compagnia degli amici. Tuttavia, essa va ben oltre questi momenti effimeri. È un approccio alla vita, un modo di guardare il mondo e affrontare le sfide con ottimismo e resilienza.

Essa non è solo una serie di momenti di piacere, ma anche una sensazione di soddisfazione profonda e duratura con la vita. È la capacità di apprezzare i piccoli dettagli, di trovare gioia nelle cose quotidiane che spesso diamo per scontate. È un sorriso mentre ammiriamo un tramonto, un senso di gratitudine quando gustiamo il nostro cibo preferito o una sensazione di serenità nel trascorrere del tempo con la famiglia.

La sua importanza nel nostro benessere è innegabile. Studi scientifici hanno dimostrato che le persone più felici tendono ad avere una migliore salute fisica e mentale. Un atteggiamento positivo verso la vita può rafforzare il sistema immunitario, ridurre lo stress e persino aumentare la longevità. La felicità può anche migliorare la nostra capacità di affrontare le sfide e superarle con successo.

Quando siamo felici, ci sentiamo più motivati e pieni di energia. Questo ci rende più produttivi e creativi nel lavoro e nella vita quotidiana. Inoltre, favorisce relazioni più appaganti, poiché un individuo felice tende a essere più empatico e disponibile nei confronti degli altri.

La ricerca ha anche evidenziato che la felicità è contagiosa. Quando siamo felici, il nostro stato emotivo positivo può influenzare positivamente le persone intorno a noi, creando un effetto a catena di benessere.

Questo è il motivo per cui coltivarla non è solo un regalo per se stessi, ma anche per coloro che ci circondano.

È un obiettivo che dovrebbe essere perseguito da tutti noi, indipendentemente dalle sfide che la vita ci presenta. È un viaggio continuo, una ricerca interiore che richiede consapevolezza, impegno e pratica. Nel corso di questo libro, esploreremo modi pratici per coltivarla nella vita di tutti i giorni, esercizi di gratitudine, pratiche di mindfulness e strategie per superare gli ostacoli ad essa.

*Come coltivare la gioia nella vita di tutti i giorni*

Coltivare la gioia nella vita di tutti i giorni è un obiettivo meraviglioso che può portare un profondo senso di appagamento e felicità. Spesso, nella frenesia della vita moderna, possiamo trascurare l'importanza di trovare momenti di gioia nel quotidiano. Tuttavia, ci sono molte strategie che possiamo adottare per coltivare la gioia in ogni aspetto della nostra vita.

Innanzitutto, è fondamentale imparare a prestare attenzione ai dettagli. La vita è piena di piccoli momenti di gioia che spesso passano inosservati. Osservare un fiore che sboccia, ascoltare il canto degli uccelli al mattino o assaporare lentamente il nostro caffè preferito possono diventare occasioni per trovare la gioia. Smettere di correre costantemente e iniziare a notare queste piccole bellezze può trasformare la nostra prospettiva sulla vita.

Inoltre, è importante fare spazio alla creatività nella nostra vita quotidiana. L'arte, la musica, la scrittura o qualsiasi forma di espressione artistica può diventare una fonte di gioia e ispirazione. Anche se non ci consideriamo artisti, possiamo comunque trovare piacere nell'esplorare la nostra creatività, sia che si tratti di disegnare, dipingere, scrivere un diario o anche solo ascoltare musica che amiamo.

La gratitudine è un potente catalizzatore di gioia. Prendersi il tempo per riflettere su ciò per cui siamo grati ogni giorno può cambiare radicalmente la nostra prospettiva. Tenere un diario della gratitudine in cui annotiamo tre cose per cui siamo grati ogni giorno è un esercizio semplice ma efficace che può aiutarci a coltivare la gioia.

La condivisione della gioia con gli altri è un altro modo per amplificare la sua presenza nella nostra vita. Passare del tempo con gli amici e la famiglia, condividere esperienze positive e sorridere insieme può portare un senso di connessione e gioia condivisa che è unico e prezioso.

L'esercizio fisico è un alleato potente per coltivare la gioia. L'attività fisica rilascia endorfine, i neurotrasmettitori legati alla felicità, che possono migliorare notevolmente il nostro stato d'animo. Anche una semplice passeggiata all'aperto può fare miracoli per il nostro benessere emotivo.

Imparare a concentrarsi sul presente attraverso la pratica della mindfulness può aiutare a scoprire la gioia nel momento. Spesso, siamo così presi dai nostri pensieri sul passato o sul futuro che ci sfugge il presente. La mindfulness ci insegna a essere presenti e consapevoli di ciò che sta accadendo ora, permettendoci di sperimentare la gioia nel momento presente.

Coltivare la gioia nella vita di tutti i giorni richiede impegno e pratica, ma può portare a cambiamenti profondi e positivi nella nostra esperienza di vita. Nel prosieguo di questo capitolo, esploreremo ulteriormente queste strategie e forniremo esercizi pratici per aiutarti a integrarle nella tua routine quotidiana. La gioia è un dono che può essere coltivato, e il viaggio per farlo inizia con piccoli passi verso una vita più felice e appagante.

Le pratiche di gratitudine sono un potente strumento per coltivare la gioia nella vita di tutti i giorni. Esse ci invitano a riflettere su ciò che abbiamo e a riconoscere la bellezza nelle cose semplici, creando un profondo senso di apprezzamento per la vita. In questo capitolo, esploreremo alcuni esercizi di gratitudine e i benefici che possono portare nella nostra esistenza.

Un semplice esercizio di gratitudine consiste nell'avere un diario della gratitudine. Ogni giorno, prenditi qualche minuto per annotare tre cose per cui sei grato. Possono essere grandi o piccole, significative o apparentemente banali. L'importante è concentrarsi su ciò che ti fa sentire grato. Questo semplice atto di annotare le tue gratitudini quotidiane può cambiare radicalmente la tua prospettiva sulla vita. Invece di concentrarti su ciò che manca, inizi a vedere ciò che hai e ad apprezzarlo appieno.

Un altro esercizio potente è il "rituale della gratitudine". Ogni mattina o sera, trova un momento tranquillo per riflettere su ciò per cui sei grato. Puoi farlo mentalmente o scrivere le tue gratitudini su un pezzo di carta. Questo rituale ti permette di iniziare o concludere la giornata con un atteggiamento positivo e di concentrazione sulla gratitudine.

La condivisione della gratitudine con gli altri è un'ulteriore pratica che può amplificare la sua potenza. Esprimere verbalmente la tua gratitudine verso gli amici, la famiglia o i colleghi può rafforzare i legami e diffondere positività. Spesso, ci dimentichiamo di dire "grazie" per le piccole cose che gli altri fanno per noi, ma questa semplice parola può avere un impatto straordinario sulle relazioni.

I benefici delle pratiche di gratitudine sono numerosi e comprovati scientificamente. Studi hanno dimostrato che praticare la gratitudine può portare a un miglioramento del benessere psicologico, ridurre i sintomi di depressione e ansia, e aumentare la soddisfazione nella vita. Inoltre, può favorire un miglior sonno, aumentare l'ottimismo e migliorare la salute complessiva.

La gratitudine ci aiuta a concentrarci sul presente, ad apprezzare le piccole cose e a vedere il lato positivo anche nelle situazioni difficili. Ci insegna a essere meno materialisti e più centrati sulle relazioni e sulle esperienze significative. Inoltre, la pratica della gratitudine può aumentare la nostra empatia verso gli altri, rendendoci più compassionevoli e disponibili.

Le pratiche di gratitudine possono essere integrate facilmente nella nostra routine quotidiana. Possono richiedere solo pochi minuti al giorno, ma i benefici che portano sono significativi. In questo capitolo, esploreremo ulteriormente modi per incorporare la gratitudine nella tua vita e come puoi sperimentare i suoi effetti positivi in modo tangibile. La gratitudine è una chiave per una vita più felice e appagante, e il suo potere è alla portata di tutti noi.

## *Riconoscere e apprezzare i piccoli momenti di felicità*

Riconoscere e apprezzare i piccoli momenti di felicità è un'arte che può trasformare profondamente la nostra esperienza di vita. Spesso, nella ricerca della felicità, tendiamo a concentrarci su traguardi monumentali o eventi straordinari, trascurando gli innumerevoli gioielli che scintillano nelle nostre giornate quotidiane. In questo capitolo, esploreremo l'importanza di questa pratica e come possiamo coltivarla per migliorare il nostro benessere.

La vita è un insieme di momenti, alcuni grandi e memorabili, altri piccoli e fugaci. Troppe volte, ci lasciamo distrarre dalla frenesia quotidiana o dalle sfide che incontriamo, senza notare quei piccoli momenti che possono portare gioia e gratificazione. Riconoscere e apprezzare questi momenti è fondamentale per una vita più felice e significativa.

Un tramonto dipinto di arancione e rosa, una risata con un amico, il tepore del sole sulla pelle in una mattina di primavera: questi sono tutti esempi di piccoli momenti di felicità che spesso trascuriamo. La chiave per riconoscerli è la consapevolezza. Imparare a essere presenti nel momento, a guardare attentamente ciò che ci circonda e a sintonizzarci con le nostre sensazioni può aiutarci a scoprire la bellezza nei dettagli.

La pratica della mindfulness può essere un ottimo strumento per sviluppare questa abilità. La mindfulness ci insegna a essere consapevoli del presente senza giudizio, ad accettare ciò che accade e a notare le sensazioni, le emozioni e i pensieri senza distrazione. Quando siamo consapevoli, diventiamo più aperti all'esperienza e possiamo riconoscere i piccoli momenti di felicità che si presentano nella nostra vita quotidiana.

Apprezzare questi momenti richiede anche una mentalità aperta. Spesso, ci aspettiamo che la felicità debba essere spettacolare o epica, ma in realtà può nascondersi nelle cose più semplici. Un sorso di caffè al mattino, il suono delle onde del mare, un abbraccio affettuoso: questi gesti quotidiani possono portare una sensazione di gioia autentica se impariamo a prestare loro attenzione.

Riconoscere e apprezzare i piccoli momenti di felicità può anche migliorare il nostro benessere emotivo. Quando ci concentriamo su questi momenti, sperimentiamo un aumento della gratitudine e della soddisfazione nella vita. Questo a sua volta può ridurre lo stress e l'ansia, migliorare il nostro umore complessivo e aumentare la nostra resilienza.

Inoltre, questa pratica può aiutarci a costruire relazioni più forti con gli altri. Quando apprezziamo i piccoli gesti di gentilezza e affetto da parte degli amici, della famiglia o dei colleghi, rafforziamo i legami e creiamo un ambiente più positivo intorno a noi.

Nel prosieguo di questo capitolo, esploreremo ulteriormente come possiamo sviluppare la capacità di riconoscere e apprezzare i piccoli momenti di felicità nella nostra vita quotidiana. Impareremo ad allenare la nostra mente a essere più consapevole e aperta all'esperienza, permettendo alla gioia di fluire liberamente attraverso di noi. La felicità non è solo nei grandi eventi, ma anche nei momenti più semplici che possiamo abbracciare con gratitudine e gioia.

Creare abitudini felici nella nostra routine quotidiana è un passo cruciale per coltivare la gioia e il benessere nella nostra vita. Spesso, la felicità non è il risultato di momenti isolati, ma il prodotto di abitudini e comportamenti che coltiviamo nel tempo. In questo capitolo, esploreremo come possiamo incorporare la gioia nella nostra routine quotidiana e trasformarla in un'abitudine duratura.

La prima chiave per creare abitudini felici è la consapevolezza. Dobbiamo essere consapevoli di ciò che ci fa felici e di come possiamo integrarlo nella nostra giornata. Ciò richiede un'autoriflessione sincera per identificare le attività e le esperienze che ci portano gioia. Questi possono variare da persona a persona, ma possono includere cose come fare una passeggiata all'aperto, dedicare del tempo alla lettura di un buon libro o praticare un hobby che amiamo.

Una volta identificate queste attività, è importante pianificarle nella nostra routine quotidiana. Spesso, la vita frenetica e gli obblighi ci fanno dimenticare di prenderci del tempo per noi stessi e per le cose che ci rendono felici. Ma se programmiamo queste attività nella nostra giornata, diventano una parte integrante della nostra routine.

Le abitudini felici non devono necessariamente richiedere molto tempo. Anche solo 10-15 minuti al giorno possono fare la differenza. Ad esempio, la pratica della meditazione o della mindfulness può essere integrata facilmente nella tua routine mattutina o serale. Queste pratiche possono aiutarti a iniziare o concludere la giornata con uno stato mentale positivo, preparandoti per le sfide che potresti incontrare.

Inoltre, è importante trovare il giusto equilibrio tra obblighi e attività che ci rendono felici. Spesso, ci troviamo in una routine frenetica che ci fa trascurare il tempo per il relax e il divertimento. Dobbiamo imparare a dare priorità alla nostra felicità e a proteggere il tempo per le attività che ci riempiono di gioia.

Le abitudini felici possono anche essere condivise con gli altri. Passare del tempo con amici e familiari, condividendo esperienze positive e ridendo insieme, può portare gioia nella tua vita quotidiana. Le relazioni significative sono un elemento fondamentale della felicità, quindi assicurati di coltivarle attraverso interazioni positive e condividendo momenti felici.

Sii flessibile nella tua ricerca di abitudini felici. La vita è in continua evoluzione e le tue esigenze e desideri possono cambiare nel tempo. Quello che ti rendeva felice in passato potrebbe non funzionare più per te ora. Sii aperto all'esplorazione di nuove attività e passioni che possono portare gioia nella tua vita.

Nel prosieguo di questo capitolo, esploreremo ulteriormente come creare abitudini felici che siano specifiche per la tua vita e le tue esigenze. Impareremo ad adattare la tua routine quotidiana per massimizzare la tua felicità e il tuo benessere. Le abitudini felici possono diventare il fondamento di una vita soddisfacente e appagante, e il loro potere è alla tua portata.

*Superare gli ostacoli alla felicità: gestire stress e pensieri negativi*

Superare gli ostacoli alla felicità è un aspetto fondamentale del nostro percorso verso il benessere. Spesso, la felicità è intralciata da stress, preoccupazioni e pensieri negativi che possono intorpidire il nostro spirito e ostacolare il nostro benessere emotivo. In questo capitolo, esploreremo strategie per gestire questi ostacoli e coltivare una mentalità più positiva.

Lo stress è una delle principali sfide che possono interferire con la nostra felicità. La vita moderna è spesso caratterizzata da una frenesia costante, con scadenze, responsabilità e pressioni che possono accumularsi rapidamente. Tuttavia, il modo in cui reagiamo allo stress può fare la differenza. Imparare a gestire lo stress in modo efficace è essenziale per preservare la nostra felicità.

Una delle tecniche più potenti per gestire lo stress è la pratica della mindfulness o della meditazione. Queste pratiche ci insegnano a essere presenti nel momento, ad accettare le sfide senza giudizio e a trovare la calma interiore. La meditazione può essere un modo efficace per rilassare la mente e alleviare il peso dello stress accumulato.

Imparare a gestire i pensieri negativi è cruciale per coltivare la felicità. Spesso, ci lasciamo trascinare da una spirale di auto-critica e auto-sabotaggio che può minare la nostra autostima e il nostro benessere. Tuttavia, è possibile imparare a riconoscere e sfidare questi pensieri negativi.

Una delle strategie più efficaci è la ristrutturazione cognitiva. Questa tecnica comporta l'identificazione dei pensieri negativi, la loro esplorazione critica e la loro sostituzione con pensieri più realistici e positivi. Ad esempio, se tendi a dire a te stesso che sei un fallimento quando qualcosa va storto, puoi imparare a sostituire questo pensiero con l'affermazione che stai imparando dalle tue esperienze e che puoi crescere attraverso le sfide.

La gratitudine può anche essere un antidoto efficace contro i pensieri negativi. Quando ci concentriamo su ciò per cui siamo grati, è più difficile lasciarci travolgere da pensieri pessimisti. Tenere un diario della gratitudine o fare una lista mentale delle cose positive nella nostra vita può ridurre il potere dei pensieri negativi.

Inoltre, è importante cercare il supporto di amici, familiari o professionisti della salute mentale quando necessario. Parlarne con qualcuno di fiducia può alleviare il peso delle preoccupazioni e dei pensieri negativi. A volte, è necessario cercare aiuto professionale per affrontare problemi di salute mentale più gravi, come la depressione o l'ansia.

La pratica dell'autocompassione è un altro aspetto importante nella gestione dei pensieri negativi. Spesso siamo molto severi con noi stessi, ma imparare a trattarci con gentilezza e compassione può favorire un atteggiamento più positivo e amorevole verso noi stessi.

Nel prosieguo di questo capitolo, esploreremo ulteriormente queste strategie e forniremo esercizi pratici per aiutarti a gestire lo stress e i pensieri negativi nella tua vita quotidiana. La felicità può essere coltivata anche quando affrontiamo le sfide, e imparare a superare questi ostacoli può portare a una vita più appagante e significativa.



## _La scienza della felicità: ricerche e studi sul benessere_

La ricerca scientifica sulla felicità è un campo affascinante che ha contribuito a gettare nuova luce su come possiamo migliorare il nostro benessere emotivo e coltivare una vita più felice. Nel corso degli ultimi decenni, gli psicologi, i neuroscienziati e gli esperti di benessere hanno condotto numerosi studi per comprendere meglio la natura della felicità e i fattori che contribuiscono al nostro stato emotivo positivo.

Uno dei risultati più interessanti emersi dalla ricerca sulla felicità è che essa è influenzata da una combinazione complessa di fattori, tra cui genetica, ambiente e scelte di vita. Mentre la genetica può influenzare il nostro set point di felicità, cioè il livello di felicità al quale tendiamo a tornare dopo eventi positivi o negativi, è possibile apportare cambiamenti significativi nel nostro benessere attraverso scelte e comportamenti consapevoli.

Uno degli studi più noti sull'argomento è stato condotto dallo psicologo positivo Martin Seligman. Seligman ha sviluppato la teoria del "PERMA", che identifica cinque elementi chiave per una vita felice:

*Positive Emotions (Emozioni positive):* coltivare emozioni positive come la gioia, la gratitudine e l'amore è essenziale per la felicità. Queste emozioni possono essere alimentate da attività come la meditazione della gratitudine o la condivisione di momenti positivi con gli altri.

*Engagement (Coinvolgimento):* trovare un senso di impegno e flusso nelle attività quotidiane è un altro componente chiave della felicità. Quando siamo completamente immersi in ciò che facciamo, spesso sperimentiamo una sensazione di gioia e realizzazione.

*Relationships (Relazioni):* le relazioni significative e positive con gli altri sono un fattore cruciale per la felicità. Coltivare connessioni autentiche con amici, familiari e partner romantici può portare a una maggiore gioia e benessere emotivo.

*Meaning (Significato):* avere un senso di scopo e significato nella vita è fondamentale per la felicità. Cercare di comprendere i propri valori e obiettivi personali può aiutare a trovare un senso più profondo nella vita quotidiana.

*Accomplishment (Realizzazione):* raggiungere obiettivi e avere successi personali è un elemento importante della felicità. Questo non significa necessariamente grandi traguardi, ma piuttosto piccoli successi che ci fanno sentire realizzati.

Altri studi hanno anche dimostrato che la gratitudine, come menzionato in precedenza, è una pratica potente per aumentare la felicità. Tenere un diario della gratitudine in cui annotiamo regolarmente ciò per cui siamo grati può aumentare la soddisfazione nella vita e ridurre i sintomi di depressione.

La ricerca ha anche rilevato che le relazioni positive hanno un impatto significativo sulla felicità. Le connessioni autentiche e supportanti con gli altri possono migliorare il nostro benessere emotivo e contribuire a una vita più felice. Essere circondati da persone che ci apprezzano e ci sostengono può portare a una maggiore gioia e soddisfazione.

Gli studi sul cervello hanno dimostrato che la pratica della meditazione e della mindfulness può cambiare la struttura e il funzionamento del cervello in modo da favorire emozioni positive e una maggiore stabilità emotiva.

In conclusione, la scienza della felicità ha scoperto che la felicità è un obiettivo raggiungibile attraverso scelte e comportamenti consapevoli. Coltivare emozioni positive, impegnarsi in attività significative, costruire relazioni positive, trovare un senso di scopo e realizzare obiettivi personali sono tutti modi per aumentare la felicità nella vita quotidiana. La ricerca continua a offrire nuove prospettive e strategie per il miglioramento del benessere emotivo, dimostrando che la felicità è alla portata di tutti noi.

# Capitolo 2: Il Potere dell'Ottimismo

## Cos'è l'ottimismo e come influenza la nostra vita

Il capitolo 2 ci introduce al potente concetto di ottimismo e al suo impatto sulla nostra vita. Cos'è l'ottimismo, e come influisce sulla nostra esistenza quotidiana? Iniziamo esplorando questa tematica, gettando luce su una prospettiva positiva che può trasformare la nostra esperienza di vita.

L'ottimismo è molto più di un semplice atteggiamento positivo; è una filosofia di vita che si basa sulla convinzione che il futuro sia promettente e che le sfide possano essere superate con successo. Si tratta di credere che le cose andranno bene, anche quando ci sono ostacoli o difficoltà. L'ottimismo non è cieco all'incertezza o alla realtà delle sfide, ma è la fede che possiamo affrontarle con coraggio e resilienza.

Un aspetto fondamentale dell'ottimismo è il modo in cui percepiamo gli eventi e le situazioni. Gli ottimisti tendono a vedere le sfide come opportunità di crescita e apprendimento, piuttosto che come ostacoli insormontabili. Questa prospettiva aperta permette loro di affrontare le difficoltà con una mentalità costruttiva, cercando soluzioni anziché lamentarsi dei problemi.

L'ottimismo ha un impatto significativo sulla nostra salute mentale e fisica. Numerose ricerche hanno dimostrato che gli ottimisti tendono ad avere una migliore salute mentale, a essere meno soggetti a depressione e ansia, e a sperimentare un maggiore benessere emotivo. Inoltre, l'ottimismo è associato a una maggiore longevità e a una migliore salute fisica complessiva.

Uno degli aspetti chiave dell'ottimismo è la resilienza. Gli individui ottimisti sono più inclini a recuperare da situazioni stressanti o traumatiche. Vedono le avversità come opportunità di crescita personale e sono in grado di affrontare meglio le sfide senza essere sopraffatti. Questa resilienza li aiuta a navigare attraverso i momenti difficili con forza e determinazione.

L'ottimismo può anche influenzare positivamente le nostre relazioni. Le persone ottimiste tendono a essere più attraenti e piacevoli da frequentare. La loro prospettiva positiva può ispirare gli altri e creare un ambiente più positivo intorno a loro. Inoltre, sono più propensi a costruire relazioni sostenibili e significative basate sulla fiducia e sulla comprensione reciproca.

È importante sottolineare che l'ottimismo può essere coltivato e sviluppato. Non è un tratto innato, ma una mentalità che possiamo allenare. Attraverso l'esercizio mentale, la consapevolezza e la pratica, possiamo aumentare la nostra prospettiva positiva e trasformare il modo in cui percepiamo il mondo.

Nel prosieguo di questo capitolo, esploreremo in dettaglio come sviluppare un mindset ottimista attraverso esercizi pratici e tecniche specifiche. Impareremo a riconoscere e affrontare le sfide con una prospettiva positiva, a coltivare l'ottimismo nei nostri pensieri e azioni quotidiane, e a sperimentare gli effetti trasformativi di questa mentalità positiva sulla nostra vita. L'ottimismo è un'abitudine che può portare a una vita più felice e soddisfacente, e il suo potere è alla portata di tutti noi.

Sviluppare un mindset ottimista è un obiettivo che può portare significativi cambiamenti nella nostra vita quotidiana. È un processo di trasformazione mentale che richiede impegno e pratica costante, ma i risultati positivi che può produrre valgono sicuramente la pena. In questo capitolo, esploreremo alcuni esercizi e tecniche che possono aiutarti a coltivare un mindset ottimista e a trasformare la tua prospettiva sulla vita.

*Pratica della gratitudine:* uno dei modi più efficaci per sviluppare un mindset ottimista è la pratica della gratitudine. Ogni giorno, prenditi un momento per riflettere su ciò per cui sei grato. Puoi tenere un diario della gratitudine e annotare tre cose positive nella tua vita ogni giorno. Questa pratica ti aiuterà a focalizzarti sugli aspetti positivi della tua esistenza e a mantenere una prospettiva ottimista.

*Cambia il tuo dialogo interiore:* presta attenzione ai tuoi pensieri e alle parole che usi quando pensi o parli di te stesso e della tua vita. Sostituisci i pensieri negativi con affermazioni positive. Ad esempio, invece di dire "Non sono bravo in questo", puoi dire "Sto imparando e migliorando costantemente".

*Sfida le credenze limitanti:* spesso abbiamo credenze limitanti che ci impediscono di vedere il nostro pieno potenziale. Fai un elenco di queste credenze e sfidale con prove concrete del contrario. Ad esempio, se credi di non essere abbastanza bravo in qualcosa, cerca prove delle tue abilità e dei tuoi successi passati in quel campo.

*Visualizzazione positiva:* dedica del tempo ogni giorno alla visualizzazione positiva. Immagina te stesso raggiungere i tuoi obiettivi e sperimentare la felicità e il successo. Questa tecnica può aiutarti a creare una prospettiva ottimista sul futuro.

*Affronta le sfide con resilienza:* quando incontri difficoltà, cerca di affrontarle con una mentalità resiliente. Vedi le sfide come opportunità di apprendimento e crescita anziché come insormontabili. Chiediti: "Cosa posso imparare da questa situazione?".

*Celebra i successi:* non sottovalutare i piccoli successi nella tua vita. Ogni volta che raggiungi un obiettivo o completi un compito, celebralo. Riconoscere i tuoi successi ti aiuterà a mantenere una prospettiva positiva e a mantenere alta la tua motivazione.

*Cerca ispirazione:* leggi storie di persone che hanno superato sfide e raggiunto il successo.
L'ispirazione può alimentare il tuo ottimismo e farti vedere le possibilità nella tua vita.

*Mantieni una rete di supporto positiva:* cerca il sostegno di amici e familiari che condividano la tua prospettiva ottimista o che ti incoraggino a coltivarla. Le persone con una mentalità positiva possono influenzare positivamente il tuo pensiero.

*Pratica la mindfulness:* la mindfulness ti aiuta a essere consapevole del momento presente e a evitare di rimuginare sul passato o preoccuparti eccessivamente del futuro. Questa pratica può promuovere una prospettiva più ottimista.

*Sii gentile con te stesso:* infine, ricorda di trattarti con gentilezza e compassione. Non si tratta di essere ottimisti in ogni momento, ma di avere una prospettiva generale positiva. Accetta che avrai momenti di sfida, ma lavora costantemente per coltivare un mindset ottimista.

Nel corso del tempo, questi esercizi e tecniche possono aiutarti a sviluppare un mindset ottimista che diventa sempre più radicato nella tua vita quotidiana. Ricorda che la pratica costante è la chiave per il successo in questo processo. Con impegno e dedizione, puoi trasformare la tua prospettiva sulla vita e sperimentare i benefici di un mindset ottimista.

Il legame tra l'ottimismo e la salute è un argomento affascinante che dimostra quanto il nostro atteggiamento mentale possa influire in modo significativo sul nostro benessere fisico. Mentre spesso separiamo mente e corpo, numerosi studi dimostrano che il nostro stato emotivo e mentale può avere un impatto profondo sulla nostra salute fisica.

Gli individui ottimisti tendono ad avere una migliore salute generale rispetto a quelli con una prospettiva più pessimista. Questo legame tra ottimismo e salute è stato confermato da molte ricerche scientifiche, e le scoperte sono sorprendenti. Ecco come l'atteggiamento mentale positivo può influire sulla salute fisica:

- Sistema immunitario più forte: gli ottimisti tendono a presentare un sistema immunitario più robusto. Il loro corpo è più in grado di combattere infezioni e malattie, il che li rende meno suscettibili a raffreddori, influenza e altre malattie infettive.

- Meno infiammazioni: l'ottimismo è associato a livelli più bassi di infiammazione cronica nel corpo.

L'infiammazione è collegata a numerose condizioni di salute, tra cui malattie cardiache, diabete e disturbi autoimmuni.

- Meno stress: gli ottimisti tendono a gestire meglio lo stress, che è noto per avere effetti negativi sulla salute. Lo stress cronico può aumentare il rischio di malattie cardiache, obesità, depressione e altro ancora.

- Pressione sanguigna più bassa: l'atteggiamento positivo può contribuire a mantenere la pressione sanguigna sotto controllo. Questo è cruciale per la prevenzione delle malattie cardiovascolari.

- Maggiore longevità: diverse ricerche hanno dimostrato che gli individui ottimisti tendono a vivere più a lungo rispetto a quelli pessimisti. Questo potrebbe essere dovuto a una combinazione di fattori, tra cui una migliore salute generale e una maggiore capacità di far fronte alle sfide della vita.

- Migliore aderenza al trattamento medico: gli ottimisti sono più inclini a seguire i consigli medici e aderire ai trattamenti prescritti dai professionisti sanitari. Questo contribuisce a migliorare la gestione delle condizioni di salute croniche.

- Meno comportamenti rischiosi: gli individui ottimisti tendono a impegnarsi meno in comportamenti rischiosi come il fumo, l'abuso di alcol e l'uso di droghe. Questi comportamenti possono avere gravi conseguenze sulla salute fisica.

- Migliore recupero da interventi medici: gli ottimisti hanno maggiori probabilità di recuperare più rapidamente dopo interventi chirurgici o malattie gravi. La loro prospettiva positiva può contribuire a una migliore guarigione.

È importante sottolineare che l'ottimismo non è una panacea e non elimina completamente il rischio di malattie o sfide di salute. Tuttavia, coltivare un atteggiamento mentale positivo può avere un impatto significativo sulla nostra salute generale e sul nostro benessere fisico.

Inoltre, il legame tra ottimismo e salute non è solo unidirezionale. Avere una buona salute fisica può anche contribuire a un atteggiamento mentale più positivo. Pertanto, investire nella nostra salute fisica e mentale è una scelta saggia per una vita più lunga e soddisfacente.

Nel prosieguo di questo capitolo, esploreremo ulteriormente come possiamo coltivare e mantenere un mindset ottimista per migliorare la nostra salute e il nostro benessere complessivo. Sono disponibili molte strategie pratiche per promuovere l'ottimismo nella nostra vita quotidiana, e queste possono avere un impatto positivo duraturo sulla nostra salute fisica e mentale.

## *Affrontare le sfide con resilienza: mantenere l'ottimismo nelle avversità*

Affrontare le sfide con resilienza è una capacità preziosa che può aiutarci a mantenere un mindset ottimista anche quando ci troviamo di fronte a situazioni difficili. La vita è inevitabilmente caratterizzata da alti e bassi, e ciò che conta davvero è come reagiamo a tali sfide. La resilienza è la capacità di adattarsi, superare gli ostacoli e mantenere una prospettiva positiva nonostante le avversità.

Una delle chiavi per mantenere l'ottimismo nelle avversità è sviluppare la resilienza emotiva. Questa abilità ci permette di gestire le emozioni negative e di trovare una luce nel buio. Ecco alcune strategie per coltivare la resilienza emotiva e mantenere l'ottimismo:

*Accettazione delle emozioni:* la prima cosa da fare quando ci troviamo di fronte a una sfida è accettare le nostre emozioni. È normale sentirsi frustrati, tristi o arrabbiati in situazioni difficili. L'importante è non giudicare queste emozioni come sbagliate o deboli. Accettare ciò che proviamo ci permette di affrontare meglio le sfide.

*Mantenere una prospettiva a lungo termine:* quando ci imbattiamo in un ostacolo, è facile concentrarsi solo sul momento presente e sentirsi sopraffatti. Tuttavia, cercare di vedere la situazione in un contesto più ampio può aiutare a mantenere l'ottimismo. Chiediti: "Come vedrò questa sfida tra un anno?".

*Cercare il supporto sociale:* condividere le proprie preoccupazioni e sentimenti con amici, familiari o terapisti può essere incredibilmente benefico. Il supporto sociale ci fa sentire meno soli nelle nostre lotte e ci aiuta a ricevere prospettive diverse sulla situazione.

*Flessibilità mentale:* a volte, le sfide richiedono flessibilità mentale. Potremmo dover adattare i nostri obiettivi o trovare nuovi modi per affrontare un problema. Essere aperti al cambiamento e alla sperimentazione può portare a soluzioni inaspettate.

*Mantenere una routine di benessere:* anche durante le sfide, è importante mantenere una routine di benessere che includa esercizio fisico, alimentazione equilibrata, sonno di qualità e momenti di relax. Questi comportamenti possono aiutare a ridurre lo stress e a mantenere una prospettiva ottimista.

*Coltivare la gratitudine:* anche nelle situazioni difficili, cercare di trovare cose per cui essere grati può aiutare a mantenere l'ottimismo. La gratitudine ci aiuta a focalizzarci su ciò che abbiamo anziché su ciò che ci manca.

*Imparare dalla resilienza altrui:* leggere storie di persone che hanno superato grandi sfide e difficoltà può essere fonte di ispirazione. Ciò ci mostra che è possibile affrontare anche le situazioni più difficili e uscirne più forti.

*Cercare l'umore:* l'umorismo può essere un potente alleato nella gestione delle avversità. Trovare il lato divertente o ironico delle situazioni può alleggerire il carico emotivo e aiutare a mantenere un atteggiamento ottimista.

*Fissare obiettivi realistici:* quando ci troviamo di fronte a sfide, è importante stabilire obiettivi realistici e fattibili. Questi obiettivi possono fungere da traguardi intermedi che ci danno un senso di realizzazione.

*Praticare la mindfulness:* la mindfulness è una pratica che ci insegna a essere consapevoli del momento presente senza giudizio. Questo ci permette di affrontare le sfide con maggiore calma e chiarezza mentale.

La resilienza emotiva non significa evitare o negare le sfide, ma piuttosto imparare a navigarle con grazia e determinazione. Mantenere l'ottimismo nelle avversità richiede tempo, pratica e autocompassione. Con il tempo, sviluppare questa capacità può migliorare notevolmente la nostra capacità di affrontare le sfide della vita e mantenere una prospettiva positiva anche quando le cose si fanno difficili.

## *Promuovere un atteggiamento positivo negli altri: consigli e strategie*

Promuovere un atteggiamento positivo negli altri è un atto di gentilezza e sostegno che può avere un impatto significativo sul benessere di coloro che ci circondano. Quando aiutiamo gli altri a coltivare un mindset positivo, creiamo un ambiente in cui tutti possono prosperare e sentirsi ispirati. Ecco alcune strategie per promuovere un atteggiamento positivo negli altri:

- Pratica la gentilezza: un modo semplice ma potente per promuovere un atteggiamento positivo negli altri è essere gentili. Fornisci un sostegno genuino, mostra empatia e presta attenzione alle esigenze e ai sentimenti degli altri. La gentilezza crea un clima di fiducia e apprezzamento reciproco.

- Sii un modello di positività: Il tuo atteggiamento e il tuo comportamento positivo possono ispirare gli altri. Sforzati di essere un modello di ottimismo e resilienza nelle tue azioni quotidiane. La tua positività può essere contagiosa e motivare gli altri a fare lo stesso.

- Ascolto attivo: Pratica l'ascolto attivo quando le persone condividono le loro preoccupazioni o esperienze. Mostra un interesse genuino per ciò che stanno dicendo, fai domande per approfondire la comprensione e valida i loro sentimenti. Questo fa sentire gli altri ascoltati e apprezzati.

- Condividi storie di ispirazione: Racconta storie di persone che hanno superato sfide e raggiunto obiettivi positivi. Queste storie possono ispirare gli altri a credere nel proprio potenziale e adottare un atteggiamento più positivo verso le proprie sfide.

- Offri supporto emotivo: quando qualcuno sta attraversando un momento difficile, offri il tuo sostegno emotivo. Mostra comprensione e empatia, e fai sapere che sei lì per loro. Il tuo sostegno può aiutare gli altri a superare le avversità con maggiore fiducia.

- Fornisci un feedback costruttivo: quando dai feedback agli altri, cerca di farlo in modo costruttivo e positivo. Sottolinea i punti di forza e suggerisci modi per migliorare. Il feedback costruttivo può motivare e aiutare gli altri a crescere.

- Evita la critica distruttiva: cerca di evitare la critica negativa e il giudizio nei confronti degli altri. Invece, concentra la tua attenzione su come possono migliorare e crescere. La critica distruttiva può minare l'autostima e l'ottimismo delle persone.

- Celebra i successi: riconosci e celebra i successi delle persone intorno a te, anche quelli piccoli. Mostra apprezzamento per i loro sforzi e risultati. La celebrazione dei successi crea un ambiente positivo e motivante.

- Sostegno nelle sfide: quando gli altri affrontano difficoltà o sfide, offri il tuo sostegno e la tua disponibilità per aiutarli a trovare soluzioni. Lavorare insieme per superare le sfide può rafforzare la connessione e il senso di positività.

- Promuovi l'autostima: incoraggia gli altri a credere in se stessi e nelle proprie capacità. Sottolinea i loro punti di forza e aiutali a sviluppare una sana autostima. L'autostima positiva è fondamentale per un atteggiamento ottimista.

Promuovere un atteggiamento positivo negli altri è un atto di generosità che può contribuire a creare relazioni più forti e sostenere il benessere mentale e emotivo di coloro che ci circondano. Ricorda che il tuo influsso positivo può avere un impatto duraturo sulla vita degli altri, incoraggiandoli a perseguire la felicità e il successo.

# Capitolo 3: La Forza Interiore

La resilienza è un concetto fondamentale nella crescita personale e nella gestione delle sfide che la vita ci presenta. Questa parola deriva dal latino "resilio", che significa "saltare indietro" o "rimbalzare". La resilienza è la capacità di affrontare le difficoltà, le avversità e le pressioni della vita in modo adattabile e positivo, senza essere sopraffatti o scoraggiati. È la capacità di superare le sfide, imparare da esse e crescere più forti nel processo.

Per comprendere appieno la resilienza, è utile pensarla come un insieme di abilità e attributi che ci consentono di affrontare le sfide in modo efficace. Questi attributi includono la flessibilità mentale, la capacità di adattamento, la forza emotiva e la determinazione. La resilienza non significa ignorare le difficoltà o negare le emozioni negative; piuttosto, implica una risposta costruttiva e la capacità di trovare soluzioni.

L'importanza della resilienza nella crescita personale è innegabile. La vita è intrinsecamente complessa e presenta inevitabili sfide e ostacoli. La resilienza ci aiuta a navigare attraverso queste sfide in modo più efficace e ci permette di trarre insegnamenti da esse.

*Miglioramento delle capacità di adattamento:* la resilienza ci insegna a essere flessibili e adattabili di fronte al cambiamento. Questa capacità è fondamentale nella vita moderna, dove il cambiamento è costante.

*Sviluppo della forza emotiva:* la resilienza ci aiuta a gestire le emozioni in modo sano e costruttivo. Impariamo a riconoscere le nostre reazioni emotive, a esprimerle in modo appropriato e a trovare modi per affrontare lo stress e la pressione.

*Miglioramento della capacità di problem- solving:* affrontare le sfide richiede soluzioni creative e capacità di problem-solving. La resilienza ci incoraggia a cercare soluzioni piuttosto che arrenderci di fronte alle difficoltà.

*Aumento della fiducia in sé stessi:* superare le avversità e le difficoltà ci dà fiducia nelle nostre capacità. Ogni volta che affrontiamo con successo una sfida, rafforziamo la nostra autostima.

*Crescita personale:* le sfide ci offrono l'opportunità di imparare e crescere. Attraverso la resilienza, possiamo trasformare le difficoltà in occasioni di crescita personale e sviluppo.

*Miglioramento delle relazioni:* la capacità di gestire le difficoltà in modo costruttivo migliora le relazioni interpersonali. Impariamo a comunicare meglio, a risolvere i conflitti e a sostenere gli altri nelle loro sfide.

*Aumento della felicità e del benessere:* la resilienza è correlata a livelli più elevati di benessere emotivo e felicità. Le persone resilienti tendono a vivere una vita più soddisfacente e a sentirsi più in grado di affrontare le sfide quotidiane.

La resilienza non è un tratto innato, ma piuttosto una serie di competenze che possono essere sviluppate e affinate nel tempo. Può essere allenata attraverso la pratica, l'apprendimento e l'esperienza. Quindi, anche se ti trovi di fronte a sfide e difficoltà, ricorda che la resilienza è una risorsa che puoi coltivare per migliorare la tua crescita personale e affrontare la vita con più forza e ottimismo.

# *Storie di resilienza: esempi di persone che hanno superato le avversità*

Le storie di resilienza ci offrono ispirazione e testimonianze concrete dell'incredibile forza dell'essere umano nel superare avversità e sfide apparentemente insormontabili. Queste storie rappresentano veri e propri esempi viventi di come la resilienza può trasformare la vita e portare a risultati straordinari.

Una storia di resilienza che ha ispirato molte persone è quella di Malala Yousafzai, una giovane pakistana che ha lottato per l'istruzione delle ragazze nella sua regione, nonostante le minacce dei talebani. Malala è stata vittima di un attentato nel 2012, ma è sopravvissuta e ha continuato a promuovere l'istruzione delle ragazze in tutto il mondo. La sua storia è un esempio straordinario di resilienza, determinazione e coraggio.

Un altro esempio di resilienza è la storia di Nelson Mandela, l'ex presidente del Sudafrica che ha trascorso 27 anni in prigione per combattere l'apartheid. Dopo essere stato rilasciato nel 1990, Mandela ha lavorato per portare avanti la riconciliazione e l'unità nel suo paese, guadagnandosi il premio Nobel per la pace. La sua capacità di perdonare e costruire un futuro migliore per il Sudafrica è un esempio straordinario di resilienza e leadership.

La storia di Nick Vujicic è un altro esempio di straordinaria resilienza. Nick è nato senza braccia e gambe, ma ha affrontato le sfide con un atteggiamento straordinariamente positivo. Oggi è un motivatore e uno speaker di fama mondiale, ispirando milioni di persone in tutto il mondo a superare le loro difficoltà e a trovare il significato nella vita.

Un'altra storia di resilienza è quella di J.K. Rowling, l'autrice della serie di libri di Harry Potter. Prima di diventare una delle scrittrici più famose al mondo, Rowling ha affrontato la povertà e la depressione. Ha scritto il primo libro della serie mentre era una madre single senza lavoro fisso. La sua determinazione e la sua capacità di superare le difficoltà sono evidenti nella sua incredibile storia di successo.

Questi sono solo alcuni esempi di storie di resilienza che dimostrano come sia possibile superare le avversità e raggiungere risultati straordinari. Ognuna di queste storie è un potente richiamo alla forza umana e alla capacità di crescere attraverso le sfide. Ci insegnano che la resilienza non è un dono limitato a pochi, ma una qualità che tutti possiamo coltivare e sviluppare nella nostra vita.

Queste storie ci mostrano che la resilienza non è solo una risposta alla sofferenza, ma anche una fonte di ispirazione e di speranza. Ci insegnano che, nonostante le avversità, è possibile trovare il coraggio di perseguire i nostri sogni, di lottare per ciò in cui crediamo e di creare un futuro migliore per noi stessi e per gli altri. In fondo, la resilienza è la capacità di trasformare le sfide in opportunità e di emergere più forti e più saggi di prima.

## *Tecniche per costruire la resilienza: esercizi mentali e fisici*

Costruire la resilienza richiede un impegno attivo e costante nel rafforzare le proprie risorse mentali ed emotive. Le tecniche per costruire la resilienza comprendono una varietà di esercizi mentali e fisici che possono aiutare a sviluppare la capacità di affrontare le sfide con forza e ottimismo.

Uno degli esercizi mentali fondamentali per costruire la resilienza è la pratica della riflessione. Prendersi del tempo per riflettere sulle proprie esperienze, emozioni e reazioni può aiutare a sviluppare una maggiore consapevolezza di sé e delle proprie risposte alle difficoltà. Chiedersi come si è affrontata una situazione, cosa si è imparato da essa e come si potrebbe affrontare in modo diverso in futuro può essere un esercizio altamente formativo.

La mindfulness è un'altra tecnica mentale potente per costruire la resilienza. La mindfulness implica la consapevolezza di ciò che sta accadendo nel momento presente senza giudizio. Questa pratica può aiutare a ridurre lo stress, a migliorare la concentrazione e a sviluppare una maggiore resilienza emotiva. Esercizi di mindfulness come la meditazione, la respirazione profonda e la visualizzazione possono essere integrati nella routine quotidiana per sviluppare la capacità di gestire le sfide con calma e chiarezza.

L'auto-compassione è un aspetto importante della resilienza emotiva. Spesso siamo molto duri con noi stessi quando affrontiamo difficoltà, ma imparare a trattarsi con gentilezza e compassione può contribuire a costruire una base emotiva più solida. Esercizi come la scrittura di lettere di auto-compassione o l'affermazione di pensieri positivi su se stessi possono aiutare a coltivare una relazione più amorevole con se stessi.

L'allenamento mentale per affrontare le sfide è un altro esercizio utile. Questo implica la pratica di affrontare le paure e le preoccupazioni in modo razionale, identificando soluzioni possibili e concentrandosi su ciò che è sotto il proprio controllo. L'obiettivo è sviluppare una mentalità orientata alle soluzioni anziché concentrarsi solo sui problemi.

Oltre agli esercizi mentali, ci sono anche tecniche fisiche che possono contribuire alla costruzione della resilienza. L'esercizio fisico regolare è uno di questi. L'attività fisica ha dimostrato di ridurre lo stress, migliorare l'umore e aumentare la resistenza mentale. Anche una semplice passeggiata all'aria aperta può essere efficace nel ripristinare la calma e la chiarezza mentale.

Una buona gestione del sonno è essenziale per la resilienza. Il sonno di qualità è fondamentale per il recupero mentale ed emotivo. Creare una routine serale rilassante e impegnarsi a mantenere un buon ciclo sonno-veglia può avere un impatto significativo sulla capacità di affrontare lo stress e le sfide quotidiane.

La nutrizione è un altro aspetto importante della resilienza fisica e mentale. Una dieta equilibrata e ricca di nutrienti può sostenere la salute mentale e fisica, migliorando la capacità di affrontare le sfide.

La socializzazione e il sostegno sociale sono fattori chiave nella costruzione della resilienza. Mantenere connessioni significative con gli altri, condividere le proprie esperienze e cercare supporto quando necessario possono contribuire in modo significativo a sviluppare una rete di supporto che aiuti a superare le difficoltà.

In sintesi, le tecniche per costruire la resilienza comprendono una serie di esercizi mentali e fisici che contribuiscono a sviluppare la consapevolezza di sé, la capacità di gestire lo stress e la forza emotiva. Incorporando queste pratiche nella tua vita quotidiana, puoi costruire una base solida per affrontare le sfide con fiducia e ottimismo.

## *Affrontare e superare le sfide: strategie pratiche per gestire le difficoltà*

Affrontare le sfide e superarle è una parte intrinseca della vita. Le sfide possono presentarsi in molte forme: problemi personali, situazioni difficili, cambiamenti improvvisi o ostacoli nel raggiungere i propri obiettivi. Tuttavia, esistono molte strategie pratiche che possono aiutare a gestire queste difficoltà in modo più efficace.

Uno degli aspetti cruciali nell'affrontare le sfide è l'accettazione della realtà. Questo significa riconoscere la situazione per ciò che è, senza negarla o minimizzarla. Accettare la realtà è il primo passo per affrontare qualsiasi problema, poiché ci consente di concentrarci su come risolverlo.

Un altro approccio importante è la suddivisione del problema in parti più piccole e gestibili. Le sfide possono sembrare insormontabili se le affrontiamo come un'unica entità. Scomporre il problema in passi più piccoli può renderlo meno spaventoso e più gestibile.

Cercare il supporto è un'altra strategia chiave. Non è necessario affrontare le sfide da soli. Parlarne con amici, familiari o professionisti può offrire un punto di vista diverso e fornire un supporto emotivo importante.

Mantenere una mentalità positiva è fondamentale. Questo non significa ignorare i problemi, ma piuttosto concentrarsi su soluzioni e opportunità. Una mentalità positiva può aiutarti a mantenere la motivazione e a vedere le sfide come occasioni di crescita.

Gestire lo stress è essenziale per affrontare le sfide in modo efficace. Tecniche come la meditazione, la respirazione profonda e l'attività fisica possono aiutarti a mantenere la calma e la chiarezza mentale.

L'apprendimento dalle sfide è un aspetto cruciale. Ogni sfida può insegnarti qualcosa di nuovo su te stesso e sulle tue risorse. Prenditi il tempo per riflettere su ciò che hai imparato e su come potresti affrontare situazioni simili in futuro.

Sperimentare nuove strategie è importante quando le tue abitudini o i tuoi approcci attuali non funzionano. La flessibilità nell'adattare le tue strategie può essere essenziale per superare le sfide in modo efficace.

La persistenza è spesso fondamentale nell'affrontare le sfide. Anche quando sembrano insuperabili, perseverare può portare a soluzioni inaspettate e al superamento delle difficoltà.

Affrontare le sfide richiede una combinazione di accettazione, strategie pratiche, una mentalità positiva e il supporto di chi ti circonda. Utilizzando queste strategie, puoi costruire la resilienza necessaria per affrontare con successo le sfide che la vita ti presenta e crescere attraverso di esse. La chiave è mantenere la fiducia in te stesso e perseverare nel tuo percorso di crescita personale.

Mantenere la resilienza nel tempo richiede la creazione di una routine di supporto solida e sostenibile. La resilienza non è una qualità statica, ma un processo dinamico che va coltivato costantemente. Ecco come puoi creare una routine di supporto per mantenerla nel tempo.

Innanzitutto, è fondamentale stabilire una routine di auto-curainizia. Questo significa dedicare del tempo ogni giorno per prendersi cura di te stesso, sia fisicamente che mentalmente. Questa routine può includere l'esercizio fisico regolare, la meditazione, la mindfulness o altre pratiche che ti aiutano a mantenere il benessere generale. Prendersi cura del tuo corpo e della tua mente è il fondamento su cui costruire la resilienza.

Inoltre, è importante mantenere una rete di supporto sociale. Le relazioni significative con amici e familiari possono offrire sostegno emotivo e pratico quando affronti le sfide. Assicurati di dedicare tempo alle persone che ti sono care e di condividere le tue esperienze con loro. Il sostegno sociale può contribuire a ridurre lo stress e a rafforzare la tua resilienza.

La pianificazione è un altro aspetto chiave della routine di supporto. Preparare un piano d'azione per affrontare le sfide future può darti una direzione chiara e una sensazione di controllo. Suddividi gli obiettivi in passi più piccoli e pianifica come affrontare le difficoltà in modo strategico. Questo ti aiuterà a sentirsi più preparato quando le sfide si presentano.

La flessibilità è importante quando si cerca di mantenere la resilienza nel tempo. La vita è piena di cambiamenti e imprevisti, e la tua routine di supporto dovrebbe essere adattabile. Sii disposto a modificare il tuo piano o le tue strategie quando necessario. La flessibilità ti aiuterà a evitare la rigidità e a mantenere la tua resilienza anche di fronte a situazioni inaspettate.

La gratitudine è un'altra pratica che può contribuire alla tua routine di supporto. Prendi il tempo per riflettere su ciò per cui sei grato nella tua vita. Questa pratica può aiutarti a mantenere una mentalità positiva e a riconoscere i tuoi progressi nella costruzione della resilienza.

Mantenere un diario può essere un modo utile per monitorare il tuo percorso di crescita personale. Registra i tuoi pensieri, le tue emozioni e le tue esperienze mentre affronti le sfide. Questo ti aiuterà a riflettere sulle tue reazioni e a imparare da ogni situazione. Un diario può anche servire come una fonte di ispirazione quando guardi indietro e vedi quanto sei cresciuto nel tempo.

Infine, cerca il supporto professionale se necessario. Un consulente o uno psicoterapeuta può essere un prezioso alleato nel tuo percorso di costruzione della resilienza. Possono aiutarti a esplorare le tue emozioni, a sviluppare strategie di coping e a lavorare su eventuali problemi sottostanti che potrebbero influenzare la tua resilienza.

Mantenere la resilienza nel tempo richiede la creazione di una routine di supporto che comprenda la cura di sé, il sostegno sociale, la pianificazione, la flessibilità, la gratitudine, la registrazione delle esperienze e il supporto professionale quando necessario. Questa routine ti aiuterà a costruire una base solida per affrontare le sfide in modo efficace e a mantenere la tua resilienza nel corso della vita. Ricorda che la resilienza è un processo continuo di crescita personale e che ogni giorno è un'opportunità per rafforzare questa preziosa qualità.

# Capitolo 4: Il Pensiero Positivo

Il potere del pensiero positivo è un tema centrale nell'affrontare le sfide della vita e nel perseguire il benessere emotivo e psicologico. Il modo in cui pensiamo e interpretiamo le esperienze può influenzare profondamente la nostra prospettiva e il nostro atteggiamento verso la vita, determinando in ultima analisi la nostra felicità e il nostro successo.

Il pensiero positivo si basa sull'idea che il nostro atteggiamento mentale e le nostre convinzioni influenzano direttamente la nostra realtà. Quando adottiamo un atteggiamento ottimista e proattivo, tendiamo a vedere le situazioni difficili come opportunità di crescita anziché ostacoli insormontabili. Questo ci permette di affrontare le sfide con determinazione e fiducia, piuttosto che con paura e rassegnazione.

L'atteggiamento mentale positivo può avere un impatto significativo su molti aspetti della nostra vita. Innanzitutto, influenza il nostro stato emotivo generale. Adottare un atteggiamento positivo può aiutare a ridurre lo stress, l'ansia e la depressione, migliorando il nostro benessere emotivo complessivo. Inoltre, il pensiero positivo può influenzare le nostre relazioni interpersonali. Le persone ottimiste tendono ad essere più socievoli, empatiche e disponibili, il che può portare a connessioni più significative e appaganti con gli altri.

Il pensiero positivo può anche influenzare la nostra salute fisica. Numerose ricerche hanno dimostrato che un atteggiamento mentale ottimista è associato a una migliore salute cardiovascolare, a un sistema immunitario più forte e a una maggiore longevità. Ciò è dovuto in parte al fatto che il pensiero positivo può ridurre lo stress e promuovere comportamenti sani come l'esercizio fisico regolare e una dieta equilibrata.

Inoltre, la riflessione positiva può influenzare il nostro successo professionale e il nostro raggiungimento degli obiettivi. Le persone ottimiste tendono ad essere più resilienti di fronte ai fallimenti e alle delusioni, e sono più propense a perseverare nel perseguire i loro sogni nonostante le difficoltà. Inoltre, un atteggiamento positivo può influenzare la nostra capacità di risolvere problemi in modo creativo e di adattarci alle nuove sfide e opportunità che la vita ci presenta.

Ci sono molte strategie che possiamo utilizzare per coltivare il pensiero positivo nella nostra vita quotidiana. Una delle più potenti è la pratica della gratitudine. Prendere il tempo ogni giorno per riflettere su ciò per cui siamo grati può aiutarci a mantenere un atteggiamento positivo e a concentrarci sui lati positivi della vita, anche quando affrontiamo sfide e difficoltà.

La pratica della mindfulness può aiutare a coltivare il pensiero positivo. Essere consapevoli del momento presente e osservare i nostri pensieri senza giudizio può aiutarci a liberarci da schemi mentali negativi e a sviluppare una prospettiva più ottimista sulla vita.

Circondarsi di persone ottimiste e di ispirazione può influenzare positivamente il nostro atteggiamento mentale. Le persone con cui ci associamo e le informazioni che consumiamo possono avere un impatto significativo sul nostro stato emotivo e sulla nostra prospettiva sulla vita.

Pensare positivamente è una forza potente che può trasformare la nostra vita in modi profondi e significativi. Adottare un atteggiamento mentale ottimista può migliorare il nostro benessere emotivo, le nostre relazioni, la nostra salute fisica e il nostro successo professionale. Utilizzando strategie come la gratitudine, la mindfulness e il circondarsi di persone positive, possiamo coltivare il pensiero positivo nella nostra vita quotidiana e creare una realtà più luminosa e soddisfacente.

## *Riconoscere e trasformare i pensieri negativi in positivi*

Riconoscere e trasformare i pensieri negativi in positivi è un aspetto fondamentale del percorso verso una mentalità ottimista e resiliente. Spesso, i pensieri negativi possono essere intrusivi e influenzare pesantemente il nostro stato emotivo e la nostra percezione della realtà. Tuttavia, imparare a identificarli e a sostituirli con pensieri più positivi può portare a un profondo cambiamento nella nostra prospettiva e nel nostro benessere complessivo.

Il primo passo per riconoscere i pensieri negativi è diventare consapevoli dei nostri modelli di pensiero. Spesso, i pensieri negativi possono manifestarsi sotto forma di autocritica, preoccupazioni eccessive, catastrofizzazione o pensieri autodistruttivi. Osservare i nostri pensieri senza giudizio può aiutarci a identificare quei modelli di pensiero che contribuiscono alla nostra sofferenza emotiva.

Una volta identificati, è importante sfidare attivamente i pensieri negativi e sostituirli con pensieri più positivi e realistici. Questo può richiedere pratica e perseveranza, ma è un passo cruciale per trasformare la nostra prospettiva sulla vita. Ad esempio, se ci troviamo a pensare in modo catastrofico riguardo a una situazione, possiamo cercare prove che contraddicano quel pensiero e sostituirlo con uno più equilibrato e ottimista.

La pratica della riformulazione cognitiva è un metodo efficace per trasformare i pensieri negativi in positivi. Questo processo implica il riconoscimento e la sostituzione dei pensieri distorti con pensieri più realistici e adattivi. Ad esempio, anziché pensare "Non ce la farò mai", possiamo sostituire quel pensiero con "Anche se è difficile, posso trovare un modo per superare questa sfida".

La gratitudine è un altro strumento potente per trasformare i pensieri negativi in positivi. Prendere il tempo ogni giorno per riflettere su ciò per cui siamo grati può aiutarci a cambiare il nostro atteggiamento mentale e a concentrarci sui lati positivi della vita, anche quando affrontiamo difficoltà.

La pratica della mindfulness può anche essere utile nel riconoscere e trasformare i pensieri negativi. Essere consapevoli del momento presente e osservare i nostri pensieri senza giudizio può aiutarci a distaccarci dai modelli di pensiero nocivi e a sviluppare una prospettiva più equilibrata e ottimista sulla vita.

Inoltre, è importante ricordare che trasformare i pensieri negativi in positivi è un processo graduale e che richiede tempo e impegno costante. Sii gentile con te stesso e accetta che ci saranno momenti in cui i pensieri negativi sembreranno prevalere. Tuttavia, con la pratica e la perseveranza, puoi sviluppare la capacità di riconoscere e trasformare i pensieri negativi in modo più positivo e costruttivo.

Riconoscere e trasformare i pensieri negativi è un passaggio essenziale verso una mentalità più ottimista e resiliente. Utilizzando strumenti come la consapevolezza, la riformulazione cognitiva e la gratitudine, possiamo imparare a liberarci dai modelli di pensiero nocivi e a coltivare una prospettiva più positiva sulla vita. Questo processo non è sempre facile, ma con impegno e pratica, può portare a un profondo cambiamento nella nostra vita e nel nostro benessere emotivo.

Il pensiero positivo ha un impatto significativo sulla realtà personale di ciascuno di noi. La nostra prospettiva e le nostre credenze influenzano direttamente le nostre azioni, le nostre emozioni e i risultati che otteniamo nella vita. Vediamo come il pensiero positivo può plasmare la nostra realtà personale in modo positivo:

- Cambiando la nostra percezione delle situazioni. Quando adottiamo un atteggiamento ottimista, tendiamo a concentrarci sui lati positivi delle situazioni anziché sui negativi. Questo ci permette di affrontare le sfide con più determinazione e creatività, e di trovare soluzioni innovative anche nelle circostanze più difficili.

- Ispirando il nostro umore e il nostro benessere emotivo. Quando siamo ottimisti, tendiamo a sperimentare emozioni più positive come la gioia, la gratitudine e la speranza. Queste emozioni possono avere un impatto positivo sulla nostra salute mentale e sul nostro benessere complessivo, migliorando la nostra qualità della vita e la nostra capacità di affrontare le sfide quotidiane.

- Influenzando la nostra autostima e la nostra fiducia in noi stessi. Quando crediamo nelle nostre capacità e nelle nostre risorse, siamo più propensi a metterci alla prova e a perseguire i nostri obiettivi con determinazione e fiducia. Questo può portare a un maggiore successo personale e professionale, poiché siamo più inclini a prendere rischi e ad affrontare nuove sfide con coraggio.

- Plagiando la nostra capacità di attrarre le persone e le opportunità nella nostra vita. Le persone ottimiste tendono ad essere più socievoli, carismatiche e aperte alle nuove esperienze, il che può portare a relazioni più soddisfacenti e a opportunità di crescita personale e professionale. Inoltre, quando siamo ottimisti, tendiamo a proiettare un'energia positiva che può attirare altre persone con la stessa mentalità nella nostra vita.

- Persuadendo la nostra capacità di affrontare le avversità e di superare le sfide che incontriamo lungo il cammino. Le persone ottimiste tendono ad essere più resilienti di fronte alle difficoltà, e sono più propense a trovare soluzioni creative ai problemi e a imparare dagli errori. Questo ci permette di crescere e di evolverci attraverso le esperienze difficili, diventando più forti e più saggi nel processo.

Il pensiero positivo ha un impatto profondo e duraturo sulla nostra realtà personale. Da influenze sul nostro umore e sul nostro benessere emotivo alla nostra autostima e alla nostra capacità di attrarre persone e opportunità nella nostra vita, il pensiero positivo ci permette di vivere una vita più soddisfacente, significativa e appagante. Coltivare il pensiero positivo nella nostra vita quotidiana può portare a un profondo cambiamento interiore e a una realtà più luminosa e piena di possibilità.



*Strumenti per coltivare il pensiero positivo: meditazione, scrittura, dialogo interiore*

Coltivare il pensiero positivo richiede l'adozione di strumenti e pratiche che favoriscano un atteggiamento ottimista verso la vita. La meditazione, la scrittura e il dialogo interiore sono tre potenti strumenti che possono aiutare a nutrire e rafforzare il pensiero positivo, offrendo un modo per esplorare e trasformare i nostri pensieri e le nostre emozioni.

La meditazione è una pratica antica che ha dimostrato di avere numerosi benefici per la salute mentale e il benessere emotivo. Meditare regolarmente può aiutare a calmare la mente, a ridurre lo stress e l'ansia, e a promuovere un senso generale di benessere. Inoltre, la meditazione può aiutare a sviluppare una maggiore consapevolezza dei nostri pensieri e delle nostre emozioni, consentendoci di riconoscere e trasformare i pensieri negativi in positivi. Durante la meditazione, possiamo praticare l'osservazione dei nostri pensieri senza giudizio e coltivare una prospettiva più equilibrata e ottimista sulla vita.

La scrittura è un'altra pratica potente per coltivare il pensiero positivo. Tenere un diario o scrivere regolarmente i nostri pensieri e le nostre emozioni può aiutarci a esplorare e comprendere meglio noi stessi, permettendoci di affrontare i nostri pensieri negativi in modo più efficace. Scrivere i nostri obiettivi, le nostre gratitudini e i nostri successi può anche aiutarci a mantenere un atteggiamento positivo e a concentrarci sui lati positivi della vita, anche quando affrontiamo sfide e difficoltà. Inoltre, la scrittura può servire come uno strumento per esprimere gratitudine, praticare l'affermazione e riaffermare i nostri valori e le nostre aspirazioni.

Il dialogo interiore è un altro strumento importante per coltivare il pensiero positivo. Il modo in cui parliamo a noi stessi può avere un impatto significativo sul nostro benessere emotivo e sulla nostra prospettiva sulla vita. Sostituire i pensieri negativi con affermazioni positive e incoraggianti può aiutarci a costruire una mentalità più ottimista e resiliente. Ad esempio, anziché dire a noi stessi "Non ce la farò mai", possiamo sostituire quel pensiero con "Sono capace e degno di successo". Praticare un dialogo interiore gentile e compassionevole può aiutarci a sviluppare una maggiore fiducia in noi stessi e a trasformare i nostri pensieri negativi in positivi.

La meditazione, la scrittura e il dialogo interiore sono tre strumenti potenti che possono aiutare a coltivare il pensiero positivo nella nostra vita quotidiana. Queste pratiche offrono un modo per esplorare e trasformare i nostri pensieri e le nostre emozioni, permettendoci di sviluppare una prospettiva più equilibrata e ottimista sulla vita. Integrare queste pratiche nella nostra routine quotidiana può portare a un profondo cambiamento interiore e a una maggiore soddisfazione e appagamento nella nostra vita.

Affrontare la critica e il giudizio con un approccio positivo è una sfida che tutti affrontiamo nella vita. La critica e il giudizio possono derivare da vari contesti: possono provenire da colleghi di lavoro, amici, familiari o anche da estranei. Tuttavia, è importante imparare a gestire queste situazioni con maturità ed eleganza, mantenendo un atteggiamento positivo e costruttivo.

Una delle prime cose da ricordare è che la critica non è sempre negativa. Sebbene possa essere difficile ricevere feedback o commenti che mettono in discussione il nostro lavoro o le nostre azioni, è importante considerarli come opportunità di crescita e miglioramento. Spesso, la critica può fornirci nuove prospettive e suggerimenti utili per affinare le nostre competenze e perfezionare il nostro lavoro.

Un modo per affrontare la critica con un approccio positivo è quello di rimanere aperti e disposti ad ascoltare il punto di vista dell'altra persona. Questo non significa necessariamente accettare ciecamente ogni critica, ma piuttosto essere disposti a considerare le opinioni degli altri in modo obiettivo e riflettere su come possiamo migliorare. Dimostrare empatia e rispetto nei confronti dell'opinione altrui può contribuire a promuovere un dialogo costruttivo e a ridurre eventuali tensioni o conflitti.

È importante separare la critica dalla nostra identità personale. Spesso, prendiamo le critiche troppo personalmente, percependole come un attacco alla nostra persona anziché al nostro comportamento o alle nostre azioni. Tuttavia, ricordare che la critica è spesso una valutazione delle nostre azioni o prestazioni, non della nostra essenza come individui, può aiutarci a mantenere un atteggiamento più distaccato e oggettivo di fronte alla critica.

Una strategia utile per affrontare la critica con un approccio positivo è quella di cercare il lato costruttivo della situazione. Anziché concentrarsi solo sugli aspetti negativi del feedback ricevuto, possiamo chiederci quali sono le opportunità di apprendimento e crescita che questa critica ci offre. Chiediti: "Cosa posso imparare da questa esperienza?" o "Come posso usare questo feedback per migliorare?".

È anche importante ricordare di mantenere un atteggiamento di gratitudine e apprezzamento verso chi ci offre critiche costruttive. Riconoscere lo sforzo e l'intenzione dietro la critica può contribuire a rafforzare le relazioni e a promuovere un clima di fiducia e collaborazione. Inoltre, esprimere gratitudine per il feedback ricevuto può incoraggiare gli altri a continuare a condividere le loro opinioni e contribuire al nostro sviluppo personale e professionale.

In conclusione, affrontare la critica e il giudizio con un approccio positivo richiede maturità, apertura e resilienza emotiva. Vedere la critica come un'opportunità di crescita, separare il feedback personale dalle nostre identità e cercare il lato costruttivo della situazione sono tutti modi per affrontare la critica con fiducia e determinazione. Mantenere un atteggiamento di gratitudine e apprezzamento verso chi ci offre feedback può contribuire a promuovere relazioni positive e a favorire un clima di collaborazione e crescita reciproca.

# Capitolo 5: La Serenità Interiore

*Introduzione alla mindfulness e al rilassamento*

Introdurre alla mindfulness e al rilassamento è un passo fondamentale per migliorare il benessere emotivo e fisico. La mindfulness, o consapevolezza, è la pratica di essere consapevoli del momento presente, senza giudizio o reazione. Attraverso la mindfulness, possiamo imparare a essere più consapevoli dei nostri pensieri, emozioni e sensazioni fisiche, e a rispondere a essi in modo più calmo e ponderato.

La mindfulness può essere praticata in molti modi, ma una delle tecniche più comuni è la pratica della meditazione. Durante questa pratica, ci concentriamo sulla nostra respirazione o su un oggetto di attenzione, e osserviamo i nostri pensieri e le nostre sensazioni senza giudizio. Questa pratica ci aiuta a sviluppare una maggiore consapevolezza di noi stessi e del nostro mondo interiore, e può ridurre lo stress, l'ansia e la depressione.

Oltre alla meditazione, esistono molte altre pratiche di mindfulness che possiamo incorporare nella nostra vita quotidiana. Ad esempio, durante le attività quotidiane come camminare, mangiare o lavarsi i denti, prestando attenzione ai nostri movimenti e alle nostre sensazioni fisiche oppure attraverso esercizi di consapevolezza, come la scansione del corpo o la visualizzazione guidata.

Il rilassamento è un'altra componente importante del benessere emotivo e fisico. Quando siamo rilassati, il nostro corpo e la nostra mente sono in uno stato di calma e tranquillità, il che può ridurre lo stress e promuovere il riposo e il recupero. Ci sono molte tecniche di rilassamento che possiamo utilizzare per alleviare lo stress e promuovere il rilassamento, tra cui la respirazione profonda, la visualizzazione guidata e il rilassamento muscolare progressivo.

La respirazione profonda è una tecnica di rilassamento semplice ma efficace che possiamo utilizzare in qualsiasi momento per ridurre lo stress e calmare la mente. Durante la respirazione profonda, inspiriamo lentamente attraverso il naso, gonfiando il nostro addome, e espiriamo lentamente attraverso la bocca, rilasciando tensione e stress. Questa pratica ci aiuta a ridurre l'attivazione del sistema nervoso simpatico e a promuovere il rilassamento del corpo e della mente.

La visualizzazione guidata è un'altra tecnica di rilassamento che coinvolge l'immaginazione di immagini rilassanti e piacevoli. Possiamo immaginare di essere in un luogo tranquillo e sereno, come una spiaggia o una foresta, e immaginare i suoni, i profumi e le sensazioni fisiche di quel luogo. Questa pratica ci aiuta a distogliere l'attenzione dagli stimoli stressanti e a creare uno stato di calma e tranquillità nella nostra mente e nel nostro corpo.

Il rilassamento muscolare progressivo è una tecnica che coinvolge il rilassamento consapevole dei vari gruppi muscolari del corpo. Possiamo iniziare contrarre e rilassare i muscoli in diverse parti del corpo, concentrandoci su una zona alla volta. Questa pratica ci aiuta a rilasciare la tensione accumulata nei muscoli e a promuovere il rilassamento generale del corpo e della mente.

L'introduzione alla mindfulness e al rilassamento è essenziale per migliorare il benessere emotivo e fisico. Attraverso pratiche come essa, la respirazione profonda, la visualizzazione guidata e il rilassamento muscolare progressivo, possiamo ridurre lo stress, l'ansia e la tensione, e promuovere una maggiore calma e tranquillità nella nostra vita quotidiana. Integrare queste pratiche nella nostra routine quotidiana può portare a un profondo senso di benessere e equilibrio.

Le tecniche di mindfulness offrono strumenti pratici per integrare la consapevolezza nel nostro quotidiano, aiutandoci a vivere in modo più presente e centrato. Esistono diversi esercizi pratici che possiamo utilizzare per coltivare questa abilità e sperimentare i suoi benefici nella vita di tutti i giorni.

Un esercizio semplice ma potente è la pratica della respirazione consapevole. Possiamo dedicare alcuni minuti ogni giorno a concentrarci sulla nostra respirazione, notando il movimento del respiro mentre entra ed esce dal nostro corpo. Durante questo esercizio, possiamo osservare la sensazione dell'aria che entra e esce dalle nostre narici e la sensazione del movimento del nostro petto e dell'addome mentre respiriamo. Questo ci aiuta a coltivare una maggiore consapevolezza del nostro respiro e ad ancorare la nostra attenzione nel momento presente.

Un altro esercizio di mindfulness che possiamo praticare nella vita quotidiana è la consapevolezza dei cinque sensi. Possiamo prendere un momento per concentrarci su ciascuno dei nostri cinque sensi - vista, udito, olfatto, gusto e tatto - e notare ciò che possiamo percepire attraverso ciascun senso in quel momento. Ad esempio, possiamo osservare i colori e le forme intorno a noi, ascoltare i suoni nell'ambiente circostante, percepire gli odori nell'aria, gustare il cibo con attenzione e sentire la sensazione del contatto della nostra pelle con le superfici che ci circondano. Questo esercizio ci aiuta a entrare in contatto con il momento presente attraverso i nostri sensi e a sviluppare una maggiore consapevolezza del nostro ambiente e delle nostre esperienze sensoriali.

La pratica della consapevolezza del corpo è un'altra tecnica di mindfulness che possiamo utilizzare per entrare in contatto con il nostro corpo e le nostre sensazioni fisiche. Possiamo prendere un momento per esplorare le sensazioni fisiche presenti nel nostro corpo, notando eventuali tensioni, sensazioni di calore o freddo, dolore o piacere. Possiamo anche esplorare il movimento del nostro corpo attraverso esercizi di consapevolezza del movimento, come lo stretching o lo yoga. Questo esercizio ci aiuta a sviluppare una maggiore consapevolezza del nostro corpo e delle sue esigenze, e a coltivare una maggiore armonia tra corpo e mente.

Un'altra tecnica di mindfulness che possiamo praticare nella vita quotidiana è la consapevolezza del respiro. Possiamo prendere un momento per concentrarci sulla nostra respirazione, notando il movimento del respiro mentre entra ed esce dal nostro corpo. Possiamo osservare il ritmo naturale del nostro respiro, senza cercare di cambiarlo o controllarlo in alcun modo. Durante questo esercizio, possiamo anche notare eventuali pensieri, emozioni o sensazioni fisiche che emergono nella nostra consapevolezza, e lasciarle passare senza giudizio o reazione. Questo ci aiuta a coltivare una maggiore consapevolezza del nostro stato interno e ad accettare con gentilezza e compassione ciò che emerge nella nostra esperienza.

Le tecniche di mindfulness offrono strumenti pratici per coltivare la consapevolezza nel nostro quotidiano e sperimentare i suoi benefici nella vita di tutti i giorni. Attraverso esercizi come la respirazione consapevole, la consapevolezza dei cinque sensi, la consapevolezza del corpo e la consapevolezza del respiro, possiamo sviluppare una maggiore consapevolezza del momento presente e una maggiore armonia tra corpo e mente. Integrare queste pratiche nella nostra routine quotidiana può portare a un profondo senso di benessere e presenza nella nostra vita.

Creare un rituale serale per la pace interiore è un modo efficace per rilassarsi e prepararsi per una notte di riposo rigenerante. Questo momento dedicato al relax può aiutarci a lasciare alle spalle lo stress e le preoccupazioni della giornata, consentendoci di entrare in uno stato di calma e tranquillità prima di andare a dormire.

Una delle pratiche più comuni per creare un rituale serale per la pace interiore è la meditazione. Praticare la meditazione prima di dormire può aiutarci a rilassare la mente e il corpo, riducendo lo stress e l'ansia che possono ostacolare il sonno. Possiamo scegliere una posizione comoda e tranquilla, chiudere gli occhi e concentrarci sulla nostra respirazione o su un mantra rilassante. Respirando profondamente e consapevolmente, possiamo lasciar andare i pensieri e le tensioni della giornata, permettendo alla nostra mente di entrare in uno stato di calma e quiete.

Oltre alla meditazione, possiamo incorporare altre pratiche rilassanti nel nostro rituale serale per la pace interiore. Ad esempio, possiamo dedicare del tempo alla lettura di un libro rilassante o alla scrittura nel nostro diario. La lettura di un libro piacevole e rilassante può aiutarci a distogliere l'attenzione dagli stimoli stressanti e a preparare la mente per il sonno. Scrivere nel nostro diario può essere un modo per esprimere i nostri pensieri e le nostre emozioni, lasciandoli andare prima di andare a dormire.

Altre pratiche che possiamo includere nel nostro rituale serale per la pace interiore sono il bagno caldo e lo stretching. Un bagno caldo può aiutarci a rilassare i muscoli e a alleviare lo stress accumulato durante la giornata. Possiamo aggiungere oli essenziali come la lavanda o il bergamotto per un'esperienza ancora più rilassante. Lo stretching leggero prima di dormire può aiutarci a rilassare i muscoli e a liberare la tensione accumulata, preparandoci per una notte di riposo profondo e rigenerante.

Inoltre, possiamo praticare la gratitudine prima di andare a dormire come parte del nostro rituale serale per la pace interiore. Prendere qualche momento per riflettere su ciò per cui siamo grati può aiutarci a mettere in prospettiva le nostre preoccupazioni e a concentrarci sulle cose positive nella nostra vita. Possiamo tenere un diario della gratitudine e annotare tre cose per cui siamo grati ogni sera prima di andare a dormire.

È possibile creare un ambiente rilassante e confortevole nella nostra camera da letto per favorire il sonno. Possiamo spegnere le luci e creare una atmosfera tranquilla e serena, magari accendendo una candela profumata o ascoltando musica rilassante. Possiamo anche praticare la respirazione profonda e consapevole mentre ci prepariamo per dormire, concentrandoci sul nostro respiro e lasciando andare le tensioni della giornata.

Creare un rituale serale per la pace interiore è un modo efficace per rilassarsi e prepararsi per una notte di riposo rigenerante. Pratiche come la meditazione, la lettura, il bagno caldo, lo stretching e la gratitudine possono aiutarci a rilassare la mente e il corpo, riducendo lo stress e preparandoci per il sonno. Integrare queste pratiche nella nostra routine serale può contribuire a migliorare la qualità del nostro sonno e a promuovere un senso generale di benessere e equilibrio nella nostra vita.

*Gestire lo stress attraverso il rilassamento: tecniche di respirazione e visualizzazione*

Gestire lo stress attraverso il rilassamento è fondamentale per mantenere un equilibrio emotivo e fisico nella vita quotidiana. Le tecniche di respirazione e visualizzazione sono strumenti efficaci per calmare la mente e il corpo, ridurre lo stress e promuovere un senso di calma e benessere.

La respirazione profonda è una delle tecniche più potenti per gestire lo stress. Quando siamo stressati, la nostra respirazione tende ad essere rapida e superficiale, ma possiamo invertire questa risposta del corpo praticando la respirazione profonda. Inspirando lentamente e profondamente attraverso il naso, facendo espandere il nostro addome, e espirando lentamente attraverso la bocca, rilasciando completamente l'aria dai polmoni, possiamo attivare il sistema nervoso parasimpatico, il che induce una risposta di rilassamento nel corpo. Possiamo praticare la respirazione profonda in qualsiasi momento della giornata, specialmente quando ci sentiamo stressati o ansiosi, per ritrovare la calma e la tranquillità.

La visualizzazione è un'altra tecnica efficace per gestire lo stress attraverso il rilassamento. La visualizzazione coinvolge l'uso dell'immaginazione per creare immagini mentali rilassanti e piacevoli che ci aiutano a distogliere l'attenzione dagli stimoli stressanti e a rilassare la mente e il corpo. Possiamo immaginare di essere in un luogo tranquillo e sereno, come una spiaggia o una foresta, e immergerci nelle sensazioni di pace e calma che questo luogo ci offre. Possiamo anche immaginare di essere circondati da una luce dorata e rilassante che ci avvolge e ci riempie di tranquillità. Questa pratica ci aiuta a ridurre lo stress e l'ansia e a promuovere un senso di calma e benessere.

Oltre alla respirazione profonda e alla visualizzazione, ci sono altre tecniche di rilassamento che possiamo utilizzare per gestire lo stress nella nostra vita quotidiana. La pratica del rilassamento muscolare progressivo coinvolge il rilassamento consapevole dei vari gruppi muscolari del corpo, uno alla volta, per liberare la tensione accumulata e promuovere il rilassamento generale del corpo e della mente. Possiamo iniziare contrarre e rilassare i muscoli in diverse parti del corpo, concentrandoci sulla sensazione di rilassamento che si diffonde attraverso di essi. Questa pratica ci aiuta a rilassare i muscoli tesi e a ridurre la tensione fisica che può contribuire allo stress e all'ansia.

Possiamo incorporare la respirazione profonda e la visualizzazione in una pratica di rilassamento più completa, come lo yoga o il tai chi. Queste antiche pratiche combinate di movimento e respirazione ci aiutano a rilassare il corpo e la mente, riducendo lo stress e promuovendo un senso di calma e benessere generale. Possiamo partecipare a una classe di yoga o tai chi, o praticare a casa seguendo video o istruzioni online. Anche solo pochi minuti di queste pratiche ogni giorno possono fare una grande differenza nel nostro livello di stress e nel nostro benessere complessivo.

Le tecniche di respirazione e visualizzazione sono strumenti efficaci per gestire lo stress attraverso il rilassamento. Pratiche come la respirazione profonda, la visualizzazione, il rilassamento muscolare progressivo e lo yoga possono aiutarci a rilassare la mente e il corpo, ridurre lo stress e promuovere un senso di calma e benessere nella nostra vita quotidiana. Integrare queste pratiche nella nostra routine quotidiana può contribuire a migliorare la nostra qualità della vita e a promuovere un senso generale di equilibrio ed equanimità.

## *Creare uno spazio personale per la serenità: allestire un angolo dedicato al benessere*

Creare uno spazio personale per la serenità è un modo potente per coltivare un senso di calma e tranquillità nella nostra vita quotidiana. Questo angolo dedicato al benessere può fungere da rifugio privato, un luogo dove possiamo ritirarci per rilassarci, ricaricare le energie e coltivare la nostra serenità interiore.

Il primo passo per creare uno spazio personale per la serenità è scegliere il luogo giusto. Possiamo optare per un angolo tranquillo della nostra casa, un piccolo spazio nel nostro giardino o persino un angolo tranquillo nel nostro ufficio. L'importante è che sia un luogo che ci faccia sentire a nostro agio e che ci permetta di rilassarci completamente.

Una volta scelto il luogo, possiamo iniziare ad allestire il nostro angolo dedicato al benessere. Possiamo iniziare con l'organizzazione dello spazio, assicurandoci che sia pulito, ordinato e privo di distrazioni. Possiamo aggiungere elementi che ci ispirano e ci aiutano a rilassarci, come piante verdi, candele profumate, cuscini comodi e coperte soffici. Possiamo anche considerare l'aggiunta di elementi che ci ricordano la natura, come sassi, conchiglie o fotografie di paesaggi naturali, per creare un senso di connessione con il mondo esterno.

Un'altra idea è incorporare elementi che promuovono la calma e il relax, come luci soffuse o una lampada da meditazione, una fontana d'acqua o una macchina per il suono bianco. Questi elementi possono aiutarci a creare un'atmosfera tranquilla e rilassante che favorisce la serenità interiore. Possiamo anche considerare l'aggiunta di oggetti personali che ci portano gioia e conforto, come fotografie di famiglia, oggetti d'arte o oggetti simbolici che hanno un significato speciale per noi.

Oltre agli elementi fisici, possiamo anche incorporare pratiche che promuovono il benessere mentale e emotivo nel nostro angolo dedicato al benessere. Ad esempio, possiamo dedicare uno spazio per la meditazione o la pratica dello yoga, aggiungendo un tappetino da yoga o un cuscino da meditazione. Possiamo anche creare uno spazio per la lettura tranquilla, aggiungendo una poltrona comoda o una sedia accogliente e una libreria con libri che ci ispirano e ci nutrono spiritualmente.

Un'idea importante è mantenere il nostro angolo dedicato al benessere sempre accessibile e pronto all'uso. Possiamo creare un rituale quotidiano di visita al nostro spazio personale per la serenità, dedicando alcuni minuti ogni giorno per rilassarci, meditare o semplicemente essere presenti. Questo ci aiuta a mantenere un legame costante con il nostro angolo di serenità e a integrare la pratica del rilassamento nella nostra routine quotidiana.

Creare uno spazio personale per la serenità è un modo potente per coltivare un senso di calma e tranquillità nella nostra vita quotidiana. Con la giusta attenzione e cura, possiamo trasformare un semplice angolo della nostra casa in un rifugio privato che ci aiuta a rilassarci, ricaricare le energie e coltivare la nostra serenità interiore. Integrare pratiche di rilassamento e benessere nel nostro angolo dedicato al benessere può contribuire a migliorare la nostra qualità della vita e a promuovere un senso generale di equilibrio ed equanimità.

# Capitolo 6: Trasformare le Sfide in Opportunità

Cambiare prospettiva è fondamentale per affrontare le sfide della vita con resilienza e ottimismo. Vedere le sfide come occasioni di crescita ci permette di trasformare le difficoltà in opportunità, aprendo la strada a una maggiore consapevolezza e sviluppo personale.

Quando affrontiamo una sfida, è naturale sentirsi sopraffatti e frustrati. Tuttavia, cambiare prospettiva ci consente di guardare oltre le difficoltà immediate e riconoscere il potenziale di crescita e apprendimento che si nasconde dietro di esse. Invece di percepire le sfide come ostacoli insormontabili, possiamo vederle come occasioni per scoprire nuove risorse interne, affinare le nostre capacità e superare i nostri limiti.

Una delle chiavi per cambiare prospettiva è praticare la consapevolezza. Essere consapevoli delle nostre reazioni alle sfide e delle nostre convinzioni limitanti ci permette di esplorare nuove prospettive e di sviluppare una visione più equilibrata della situazione. Possiamo chiederci: "Come posso imparare da questa sfida?" o "Quali opportunità di crescita si nascondono dietro questo ostacolo?". Questo ci aiuta a spostare il focus dal problema alla soluzione, aprendo la mente a nuove idee e possibilità.

Possiamo praticare la gratitudine per le sfide che incontriamo lungo il cammino. Anche se può sembrare controintuitivo, essere grati per le sfide ci permette di apprezzare il valore del processo di crescita personale. Le sfide ci spingono al di fuori della nostra zona di comfort, ci sfidano a superare i nostri limiti e ci aiutano a diventare persone più forti e resilienti. Essere grati per questo processo ci aiuta a mantenere una prospettiva positiva e ottimista, anche quando le cose sembrano difficili.

È possibile anche cercare ispirazione nelle storie di coloro che hanno trasformato le sfide in opportunità di crescita. Studiare le esperienze di persone che hanno superato ostacoli simili ci mostra che è possibile superare le difficoltà e emergere più forti e più saggi. Queste storie ci offrono un modello di resilienza e determinazione e ci motivano a perseverare nonostante le avversità.

È possibile anche coltivare una mentalità di apprendimento continuo. Vedere le sfide come occasioni di crescita ci spinge a cercare costantemente nuove conoscenze e competenze che ci aiutino a superare le difficoltà. Possiamo adottare un atteggiamento aperto e curioso verso la vita, cercando di imparare da ogni esperienza, positiva o negativa che sia. Questo ci permette di sviluppare una mentalità flessibile e adattabile che ci aiuta a navigare attraverso le sfide con resilienza e ottimismo.

Cambiare prospettiva e vedere le sfide come occasioni di crescita è essenziale per affrontare le difficoltà della vita con resilienza e ottimismo. Essere consapevoli delle nostre reazioni alle sfide, praticare la gratitudine, cercare ispirazione nelle storie di resilienza e adottare una mentalità di apprendimento continuo sono tutti modi efficaci per trasformare le difficoltà in opportunità di crescita e sviluppo personale. Questo ci permette di superare le avversità con determinazione e emergere più forti e più saggi dall'altra parte.

Le storie di superamento delle difficoltà ci offrono ispirazione e speranza, dimostrando che è possibile trasformare le sfide in opportunità di crescita e cambiamento positivo. Ogni storia è un testamento alla forza della resilienza umana e alla capacità di adattarsi alle avversità, mostrandoci che anche di fronte alle circostanze più difficili, è possibile trovare il coraggio e la determinazione per superarle.

Una storia di superamento delle difficoltà che ispira, già menzionata in precedenza, è quella di Malala Yousafzai, una giovane attivista pakistana per l'istruzione delle ragazze. Malala ha affrontato enormi sfide e pericoli per il suo impegno a favore dell'istruzione delle ragazze nella sua regione. Nel 2012, è stata vittima di un attentato da parte dei talebani, che l'hanno colpita mentre tornava a casa da scuola. Nonostante le ferite subite, Malala ha continuato la sua lotta per i diritti delle ragazze all'istruzione, diventando un simbolo globale di coraggio e determinazione. La sua storia ci ricorda il potere della perseveranza e della resilienza di fronte alle avversità.

Un'altra storia ispiratrice è quella di Oprah Winfrey, che ha superato una difficile infanzia segnata da abusi e povertà per diventare una delle donne più influenti al mondo. Nonostante le difficoltà che ha incontrato lungo il cammino, Oprah ha mantenuto la sua determinazione e ha trasformato le sue esperienze negative in opportunità di crescita personale e professionale. Oggi, è un'icona del successo e dell'empowerment femminile, dimostrando che è possibile superare anche le avversità più grandi con determinazione e resilienza.

Un'ultima storia di superamento delle difficoltà, anche questa già analizzata nel libro, è quella di Nick Vujicic, un oratore motivazionale e autore nato senza arti inferiori e senza braccia. Nonostante le sfide fisiche che ha dovuto affrontare fin dalla nascita, Nick ha trasformato la sua disabilità in una fonte di ispirazione per milioni di persone in tutto il mondo. Attraverso il suo lavoro come oratore motivazionale, Nick diffonde un messaggio di speranza e incoraggiamento, dimostrando che è possibile superare le avversità e vivere una vita piena e significativa, indipendentemente dalle circostanze.

Queste storie ci insegnano che anche di fronte alle sfide più difficili, è possibile trovare la forza e la resilienza necessarie per superarle. Ci ricordano che le difficoltà della vita possono diventare opportunità per crescere, imparare e trasformare noi stessi. Sono un richiamo al potere della speranza, della determinazione e della resilienza umana, e ci ispirano a perseverare anche quando le cose sembrano impossibili. In conclusione, le storie di superamento delle difficoltà sono una testimonianza della forza dello spirito umano e della capacità di trovare la luce anche nelle situazioni più buie. Ci incoraggiano a non arrenderci di fronte alle avversità, ma piuttosto a affrontarle con coraggio, determinazione e speranza.

## *Strumenti per identificare le opportunità nelle sfide: esercizi di riflessioni*

Identificare le opportunità nelle sfide è un aspetto cruciale per affrontare la vita con resilienza e determinazione. Anche quando ci troviamo di fronte a ostacoli apparentemente insormontabili, esistono sempre possibilità nascoste che possono trasformare le difficoltà in occasioni di crescita e sviluppo personale. Gli esercizi di riflessione sono uno strumento potente per aiutarci a individuare queste opportunità, permettendoci di esplorare le nostre esperienze, le nostre convinzioni e le nostre risorse interne in modo più profondo e significativo.

Uno degli esercizi di riflessione più efficaci è la tenuta di un diario di gratitudine. Ogni giorno, prenditi qualche minuto per annotare almeno tre cose per cui sei grato, anche durante i momenti più difficili. Questo esercizio ti aiuterà a spostare il focus dalle difficoltà agli aspetti positivi della tua vita, permettendoti di vedere le sfide sotto una luce diversa e di individuare le opportunità che si nascondono dietro di esse.

Un altro esercizio utile è quello della visualizzazione creativa. Immagina te stesso affrontare la sfida con successo e immagina quale potrebbe essere il risultato positivo. Visualizzare il successo ti aiuta a creare un senso di fiducia e determinazione, permettendoti di identificare le azioni concrete che puoi intraprendere per raggiungere i tuoi obiettivi e superare le difficoltà.

Inoltre, puoi praticare l'autoanalisi e l'esplorazione dei tuoi valori, desideri e obiettivi. Chiediti quali sono le tue priorità nella vita e quali sono le sfide che potrebbero essere in linea con i tuoi valori e obiettivi. Questo ti aiuterà a identificare le sfide che potrebbero essere viste come opportunità di crescita e successo, piuttosto che come ostacoli insormontabili.

Un altro esercizio di riflessione è la ricerca di modelli e connessioni tra le tue esperienze passate e le sfide attuali. Chiediti se ci sono situazioni simili che hai affrontato in passato e come sei riuscito a superarle.

Questo ti aiuterà a identificare le tue risorse interne e le strategie che hai utilizzato con successo in passato, permettendoti di applicarle alle sfide attuali in modo più efficace.

Puoi praticare l'apertura mentale e la flessibilità nel pensiero. Cerca di guardare alle sfide con una prospettiva più ampia e creativa, chiedendoti quali potrebbero essere le possibilità e le opportunità che si nascondono dietro di esse. Questo ti permetterà di individuare soluzioni innovative e di adottare un approccio più positivo e costruttivo nell'affrontare le difficoltà.

Gli esercizi di riflessione sono uno strumento prezioso per identificare le opportunità nelle sfide che incontriamo nella vita. Questi esercizi ci permettono di esplorare le nostre esperienze, valori e risorse interne in modo più approfondito, aiutandoci a cambiare prospettiva e a vedere le sfide come occasioni di crescita e sviluppo personale. Con una pratica costante e consapevolezza, possiamo imparare a trasformare le difficoltà in opportunità per il successo e la realizzazione personale.

Mantenere la motivazione e l'ottimismo durante le avversità è una sfida che molti di noi affrontano nella vita quotidiana. Tuttavia, con alcuni consigli pratici e strategie efficaci, è possibile coltivare una mentalità resiliente che ci permetta di affrontare le sfide con coraggio e determinazione.

Uno dei consigli più importanti è quello di mantenere il focus sugli obiettivi a lungo termine. Durante i momenti difficili, può essere facile perdere di vista i nostri obiettivi e sentirsi sopraffatti dalle sfide immediate. Tuttavia, tenere a mente la visione complessiva e gli obiettivi che stiamo lavorando può aiutarci a mantenere la motivazione e l'ottimismo anche quando le cose sembrano difficili.

Inoltre, è importante prendersi cura di sé stessi e del proprio benessere emotivo e fisico. Fare esercizio fisico regolarmente, mangiare in modo sano e bilanciato, e dedicare del tempo alle attività che ci piacciono possono aiutarci a mantenere un buon equilibrio emotivo e a fronteggiare meglio lo stress e le avversità.

Anche la pratica della gratitudine può essere utile per mantenere un atteggiamento positivo durante le avversità. Prendersi il tempo per riflettere su ciò per cui siamo grati nella nostra vita può aiutarci a mantenere un senso di prospettiva e a concentrarci sulle cose positive anche durante i momenti difficili.

È importante cercare il sostegno degli altri durante le avversità. Parlare con gli amici, la famiglia o un professionista della salute mentale può fornirci un'opportunità per esprimere le nostre preoccupazioni, ricevere sostegno emotivo e acquisire nuove prospettive sulle nostre situazioni.

La pratica della mindfulness può essere un'altra risorsa preziosa per mantenere la motivazione e l'ottimismo durante le avversità. La mindfulness ci aiuta a essere presenti nel momento presente, ad accettare le nostre esperienze senza giudizio e a gestire lo stress e l'ansia in modo più efficace.

Infine, è importante riconoscere che è normale avere alti e bassi durante le avversità. Non bisogna essere troppo duri con se stessi se si fa fatica a mantenere la motivazione e l'ottimismo tutto il tempo. Ciò che conta è impegnarsi a fare del nostro meglio e a cercare di affrontare le sfide con coraggio e determinazione, anche quando le cose sembrano difficili.

Mantenere la motivazione e l'ottimismo durante le avversità richiede impegno e consapevolezza, ma è possibile con alcuni consigli pratici e strategie efficaci. Mantenere il focus sugli obiettivi a lungo termine, prendersi cura del proprio benessere, praticare la gratitudine, cercare il sostegno degli altri, praticare la mindfulness e accettare i nostri alti e bassi sono tutti modi per coltivare una mentalità resiliente che ci permetta di affrontare le sfide della vita con coraggio e determinazione.

## *Celebrare i piccoli successi e imparare dagli insuccessi: l'importanza del feedback positivo*

Celebrare i piccoli successi e imparare dagli insuccessi sono pratiche fondamentali per mantenere un atteggiamento positivo e per favorire la crescita personale e professionale. Troppo spesso, ci concentriamo esclusivamente sui risultati finali senza riconoscere il valore dei passi intermedi e delle conquiste minori lungo il percorso. Tuttavia, celebrare anche i successi più modesti può avere un impatto significativo sulla nostra motivazione e autostima, mentre imparare dagli insuccessi ci offre preziose opportunità di crescita e miglioramento.

È importante festeggiare le piccole vittorie anche perché ci permette di riconoscere il nostro progresso e di apprezzare il lavoro che abbiamo fatto. Anche le realizzazioni più piccole meritano di essere celebrate, poiché contribuiscono al nostro senso di realizzazione e autostima. Celebrare i piccoli successi ci aiuta anche a mantenere la motivazione e l'impegno verso i nostri obiettivi a lungo termine, poiché ci dà un senso di gratificazione e di soddisfazione per il lavoro svolto.

Inoltre, tutto questo ci aiuta a creare un ambiente positivo e motivante intorno a noi. Quando riconosciamo e celebriamo il successo degli altri, incoraggiamo un clima di collaborazione e supporto reciproco che può favorire la crescita e il successo di tutti. Inoltre, la celebrazione dei piccoli successi può essere contagiosa, ispirando gli altri a fare del loro meglio e a perseguire i propri obiettivi con determinazione e impegno.

Tuttavia, è importante anche imparare dagli insuccessi e dalle sfide che incontriamo lungo il cammino. Gli insuccessi non devono essere visti come segni di debolezza o incapacità, ma piuttosto come opportunità di apprendimento e crescita. Ogni insuccesso ci offre preziose lezioni su cosa funziona e cosa non funziona, e ci dà l'opportunità di regolare la nostra strategia e di migliorare nel futuro.

Il feedback positivo è un elemento chiave per imparare dagli insuccessi. Ricevere feedback costruttivo e supporto da parte degli altri può aiutarci a identificare le aree in cui possiamo migliorare e a sviluppare nuove competenze e capacità. Il feedback positivo ci offre anche incoraggiamento e sostegno, aiutandoci a mantenere la fiducia in noi stessi e la motivazione nel perseguire i nostri obiettivi.

Inoltre, imparare dagli insuccessi ci aiuta a sviluppare una mentalità di crescita e resilienza. Quando affrontiamo le sfide con un atteggiamento positivo e aperto, siamo più inclini a vedere gli insuccessi come opportunità di apprendimento piuttosto che come impedimenti insormontabili. Questo ci permette di affrontare le difficoltà con coraggio e determinazione, sapendo che ogni insuccesso ci avvicina un po' di più al successo finale.

In conclusione, celebrare i piccoli successi e imparare dagli insuccessi sono pratiche fondamentali per mantenere un atteggiamento positivo e per favorire la crescita e il successo a lungo termine. Celebrare i piccoli successi ci aiuta a riconoscere il nostro progresso e a mantenere la motivazione e l'impegno verso i nostri obiettivi, mentre imparare dagli insuccessi ci offre preziose opportunità di crescita e miglioramento. Con una mentalità aperta e positiva, possiamo affrontare le

sfide della vita con coraggio e determinazione, sapendo
che ogni passo avanti ci avvicina un po' di più al successo.

# Capitolo 7: Equilibrio e Armonia

Trovare un equilibrio tra vita privata e lavorativa è essenziale per il nostro benessere complessivo e la nostra felicità. In un mondo sempre più frenetico e connesso, può essere facile cadere nella trappola della costante attività lavorativa a discapito del tempo dedicato alla nostra vita personale. Tuttavia, mantenere un equilibrio sano tra questi due aspetti della nostra vita è fondamentale per il nostro benessere emotivo, relazionale e fisico.

L'equilibrio tra vita privata e lavorativa ci consente di godere appieno delle relazioni e delle attività al di fuori del lavoro. Trascorrere del tempo con la famiglia, gli amici e partecipare a hobby e interessi personali ci aiuta a rinnovare le energie, a ridurre lo stress e a mantenere un senso di soddisfazione e realizzazione nella vita. Questi momenti di riposo e di ricarica sono essenziali per la nostra salute mentale e fisica e ci permettono di affrontare le sfide lavorative con maggiore energia e chiarezza mentale.

Trovare un equilibrio tra vita privata e lavorativa ci aiuta a mantenere relazioni personali sane e soddisfacenti. Quando dedicamo del tempo e dell'attenzione alle persone a noi care, rafforziamo i legami emotivi e costruiamo rapporti di fiducia e supporto reciproco. Queste relazioni sono fondamentali per il nostro benessere emotivo e ci forniscono una rete di sostegno durante i momenti di difficoltà.

Mantenere un equilibrio tra vita privata e lavorativa ci permette anche di svolgere al meglio il nostro lavoro. Quando siamo in grado di staccare la spina e di dedicare del tempo al riposo e al ricaricamento delle energie, siamo più produttivi, creativi e concentrati durante le ore lavorative. Prendersi del tempo per se stessi e per il proprio benessere ci aiuta a prevenire il burnout e a mantenere un alto livello di motivazione e impegno nel lungo termine.

Per trovare un equilibrio tra vita privata e lavorativa, è importante impostare dei confini chiari e rispettarli. Questo potrebbe significare stabilire orari di lavoro definiti e rispettare il tempo libero senza interruzioni o distrazioni dal lavoro. È anche utile pianificare attivamente del tempo per le attività personali e per il riposo, integrandole nella propria routine quotidiana.

È importante comunicare apertamente con i colleghi e i superiori sulle proprie esigenze di equilibrio tra vita privata e lavorativa. Parlare chiaramente delle proprie aspettative e limiti può aiutare a ridurre lo stress e la pressione sul lavoro e a creare un ambiente di lavoro più sano e sostenibile per tutti.

Inoltre, è importante ricordare che trovare un equilibrio tra vita privata e lavorativa è un processo continuo e dinamico. Le nostre esigenze e priorità possono cambiare nel tempo, e quindi è importante essere flessibili e adattabili nel trovare il giusto equilibrio per noi stessi. Con consapevolezza e impegno costante, possiamo creare una vita che sia appagante e soddisfacente sia dal punto di vista personale che professionale.



_Tecniche per mantenere l'equilibrio in vari aspetti della vita: consigli pratici_

Per mantenere un equilibrio soddisfacente in vari aspetti della vita, è fondamentale adottare una serie di tecniche e consigli pratici che ci consentano di gestire le diverse sfere della nostra esistenza in modo armonioso e gratificante.

Innanzitutto, è importante stabilire priorità chiare e definire obiettivi realistici in ogni area della nostra vita. Questo ci permette di concentrare le nostre energie e risorse sulle cose che sono davvero importanti per noi, evitando di disperderle su troppe attività o impegni che potrebbero non contribuire al nostro benessere complessivo.

Una tecnica efficace per mantenere l'equilibrio è l'arte della pianificazione e dell'organizzazione. Creare una lista delle attività da svolgere e assegnare loro priorità ci aiuta a gestire meglio il nostro tempo e a evitare situazioni di stress e sovraccarico. Inoltre, è utile pianificare del tempo specifico per le diverse sfere della nostra vita, come lavoro, famiglia, amici e tempo libero, garantendo così che ognuna di esse riceva l'attenzione e il tempo necessari.

Una sana gestione dello stress è essenziale per mantenere l'equilibrio in vari aspetti della vita. Esistono numerose tecniche di gestione dello stress, tra cui la meditazione, la respirazione profonda, lo yoga e l'esercizio fisico. Queste pratiche ci aiutano a rilassarci, a ridurre l'ansia e lo stress accumulato e a rinnovare le nostre energie per affrontare le sfide della vita quotidiana.

Inoltre, è importante fare attenzione alla nostra salute fisica e mentale. Mantenere uno stile di vita sano, che includa una dieta equilibrata, esercizio fisico regolare e sufficiente riposo, ci permette di mantenere un buon stato di salute e di energia per affrontare le sfide della vita quotidiana. Allo stesso modo, prendersi cura della nostra salute mentale attraverso la pratica della mindfulness, la ricerca di momenti di relax e il mantenimento di relazioni positive può contribuire significativamente al nostro benessere complessivo.

La comunicazione efficace è un'altra tecnica chiave per mantenere l'equilibrio nelle relazioni interpersonali. Essere in grado di comunicare chiaramente i nostri bisogni, ascoltare attivamente gli altri e risolvere i conflitti in modo costruttivo ci aiuta a mantenere relazioni sane e soddisfacenti con gli altri, riducendo così lo stress e le tensioni nelle nostre interazioni quotidiane.

Infine, è importante imparare a concederci del tempo per il relax e il divertimento. Troppo spesso ci concentriamo solo sul lavoro e sugli obiettivi da raggiungere, trascurando il nostro bisogno di svago e divertimento. Prendersi del tempo per rilassarsi, fare ciò che ci piace e godersi la vita è fondamentale per il nostro equilibrio emotivo e per il nostro benessere complessivo.

Mantenere l'equilibrio in vari aspetti della vita richiede impegno, consapevolezza e pratiche quotidiane. Stabilire priorità chiare, pianificare e organizzare il nostro tempo, gestire lo stress, prendersi cura della nostra salute fisica e mentale, comunicare efficacemente con gli altri e concedersi del tempo per il relax e il divertimento sono tutti elementi fondamentali per mantenere un equilibrio armonioso e gratificante nella vita. Con la pratica costante di queste tecniche e consigli pratici, possiamo creare una vita che sia ricca di soddisfazioni e benessere in tutte le sue sfaccettature.

*Equilibrio interiore: corpo, mente e spirito*

Raggiungere un equilibrio interiore che coinvolga corpo, mente e spirito è un obiettivo fondamentale per il nostro benessere complessivo. Questo equilibrio ci permette di vivere una vita più appagante, soddisfacente e significativa, in cui ci sentiamo in armonia con noi stessi e con il mondo che ci circonda.

Parte integrante dell'equilibrio interiore è la cura del nostro corpo. Mantenere una buona salute fisica attraverso una dieta equilibrata, l'esercizio regolare e il riposo sufficiente è essenziale per il nostro benessere complessivo. Prendersi cura del nostro corpo non solo ci aiuta a prevenire malattie e problemi di salute, ma anche a mantenere alti livelli di energia e vitalità per affrontare le sfide della vita quotidiana.

Allo stesso tempo, l'equilibrio interiore coinvolge anche la nostra salute mentale ed emotiva. Coltivare una mente positiva, resiliente e consapevole attraverso pratiche come la meditazione, la mindfulness e la riflessione personale ci aiuta a gestire lo stress, a ridurre l'ansia e a sviluppare una maggiore consapevolezza di noi stessi e delle nostre emozioni. Queste pratiche ci permettono di mantenere la calma e la chiarezza mentale anche di fronte alle sfide più impegnative della vita.

Inoltre, trovare un equilibrio interiore implica anche nutrire il nostro spirito e la nostra dimensione spirituale. Questo può assumere forme diverse per ognuno di noi, che sia attraverso la pratica religiosa, la meditazione, la connessione con la natura o lo sviluppo di un senso di scopo e significato nella vita. Coltivare la nostra dimensione spirituale ci aiuta a trovare pace, ispirazione e un senso di connessione con qualcosa di più grande di noi stessi, che può essere una fonte di conforto e forza nei momenti di difficoltà.

L'equilibrio interiore richiede anche l'armonizzazione di tutte queste dimensioni: corpo, mente e spirito. Quando siamo in grado di integrare queste diverse sfere della nostra vita in un'unica unità coerente, ci sentiamo più centrati, equilibrati e in sintonia con noi stessi e con il mondo che ci circonda. Ciò si traduce in una maggiore sensazione di pace interiore, fiducia in se stessi e capacità di affrontare le sfide della vita con resilienza e ottimismo.

Per coltivare l'equilibrio interiore, è importante dedicare del tempo ogni giorno a pratiche che nutrano il corpo, la mente e lo spirito. Questo potrebbe includere l'esercizio fisico regolare, la meditazione o la preghiera, la lettura di libri ispiratori, il tempo trascorso nella natura e la ricerca di momenti di tranquillità e riflessione. Inoltre, è importante ascoltare e rispettare i bisogni e le esigenze di ciascuna dimensione della nostra vita e trovare un modo per integrarle armoniosamente nella nostra routine quotidiana.

L'equilibrio interiore è un processo continuo e dinamico che coinvolge il mantenimento dell'armonia tra corpo, mente e spirito. Coltivare questo equilibrio ci permette di vivere una vita più ricca, significativa e appagante, in cui ci sentiamo in sintonia con noi stessi e con il mondo che ci circonda. Con consapevolezza, impegno e pratiche quotidiane, possiamo sviluppare e mantenere un equilibrio interiore che ci sostenga nel nostro viaggio di crescita personale e benessere complessivo.



## *Affrontare gli squilibri: riconoscerli e agire per ripristinarli*

Affrontare gli squilibri nella nostra vita è un passo importante verso il raggiungimento dell'equilibrio e del benessere complessivo. Gli squilibri possono manifestarsi in vari aspetti della nostra esistenza, come il lavoro, le relazioni personali, la salute fisica e mentale, e possono influenzare negativamente il nostro stato emotivo e la nostra qualità della vita. È fondamentale riconoscere questi squilibri e agire tempestivamente per ripristinare l'armonia e il benessere.

Il primo passo per affrontare gli squilibri è diventare consapevoli di essi. Questo richiede un'onestà sincera con se stessi e il coraggio di confrontarsi con le proprie sfide e difficoltà. Spesso gli squilibri possono sfuggire alla nostra attenzione o essere ignorati, ma è importante essere disposti ad esaminare attentamente la nostra vita e identificare le aree in cui ci sentiamo sottoposti a stress, ansia o insoddisfazione.

Una volta identificati gli squilibri, è essenziale comprendere le cause sottostanti e le dinamiche che li alimentano. Questo può implicare l'analisi delle nostre abitudini, comportamenti e modelli di pensiero, così come l'esame delle circostanze esterne che possono contribuire agli squilibri, come lo stress sul lavoro, i conflitti relazionali o le pressioni sociali.

Dopo aver individuato le cause degli squilibri, è importante sviluppare un piano d'azione per affrontarli in modo efficace. Questo può includere una varietà di strategie, come la gestione dello stress, la comunicazione aperta e onesta con gli altri, la ricerca di supporto professionale o il cambiamento di abitudini e comportamenti nocivi.

Una parte fondamentale del processo di ripristino dell'equilibrio è l'auto-riflessione e l'auto-consapevolezza. Questo ci permette di esplorare le nostre esigenze, desideri e valori più profondi e di comprendere meglio ciò che ci porta gioia, soddisfazione e realizzazione nella vita. Attraverso la pratica della mindfulness e della riflessione personale, possiamo sviluppare una maggiore consapevolezza di noi stessi e delle nostre esigenze, e utilizzare questa consapevolezza per guidare le nostre azioni e decisioni.

È importante essere flessibili e adattabili nel nostro approccio al ripristino dell'equilibrio. Le soluzioni efficaci possono variare da persona a persona e da situazione a situazione; quindi, è importante essere aperti a sperimentare diverse strategie e adattarle alle nostre esigenze individuali.

Per ultimo è importante ricordare che il processo di affrontare gli squilibri e ripristinare l'equilibrio è un viaggio continuo e in evoluzione. Ci saranno alti e bassi lungo il percorso, e sarà necessario dedicare tempo e impegno costante per mantenere l'equilibrio e il benessere nel lungo termine. Tuttavia, con la determinazione e la consapevolezza, è possibile affrontare gli squilibri e creare una vita più armoniosa, soddisfacente e significativa.

*Ritrovare il proprio centro attraverso pratiche quotidiane: meditazione, yoga, attività nella natura*

Ritrovare il proprio centro attraverso pratiche quotidiane è fondamentale per mantenere l'equilibrio interiore e il benessere complessivo. Queste pratiche ci permettono di connetterci con noi stessi, con il mondo che ci circonda e con una dimensione più profonda della nostra esistenza, che può essere una fonte di ispirazione, forza e serenità nella vita di tutti i giorni.

La meditazione è una delle pratiche più potenti per ritrovare il proprio centro interiore. Attraverso la meditazione, possiamo sviluppare una maggiore consapevolezza di noi stessi e delle nostre esperienze, imparando a osservare i nostri pensieri, emozioni e sensazioni senza giudizio o reazione. Questo ci permette di sviluppare una maggiore calma e chiarezza mentale, riducendo lo stress, l'ansia e la tensione emotiva, e promuovendo un senso di pace interiore e benessere.

Anche lo yoga è un'ottima pratica per ritrovare il proprio centro. Lo yoga combina movimento fisico, respirazione consapevole e meditazione per creare un'esperienza integrata che coinvolge corpo, mente e spirito. Attraverso le posture fisiche (asana), la respirazione (pranayama) e la meditazione, lo yoga ci aiuta a rilassare il corpo, a ridurre lo stress e a aumentare la flessibilità e la forza fisica, mentre promuove una maggiore consapevolezza e equilibrio mentale.

Inoltre, trascorrere del tempo nella natura è un'altra pratica efficace per ritrovare il proprio centro interiore. La natura ha un potere curativo e rigenerante che può aiutarci a riconnetterci con noi stessi e con il mondo naturale che ci circonda. Camminare in un bosco, osservare il cielo stellato, ascoltare il suono di un ruscello o semplicemente sedersi in silenzio in un luogo naturale possono essere modi potenti per rilassare la mente, ridurre lo stress e rinnovare il nostro spirito.

Queste pratiche possono essere integrate nella nostra routine quotidiana in diversi modi. Possiamo dedicare alcuni minuti ogni giorno alla meditazione o allo yoga al mattino presto o prima di andare a letto, creando così un momento di calma e riflessione per iniziare o concludere la giornata. Possiamo anche pianificare passeggiate nella natura durante il fine settimana o durante il tempo libero, facendo un passo indietro dalla frenesia della vita quotidiana e prendendoci del tempo per rigenerare il nostro spirito e riconnetterci con il mondo naturale.

In conclusione, ritrovare il proprio centro attraverso pratiche quotidiane come la meditazione, lo yoga e l'attività nella natura è essenziale per mantenere l'equilibrio interiore e il benessere complessivo. Queste pratiche ci aiutano a rilassare la mente, a ridurre lo stress e l'ansia, e a riconnetterci con la nostra vera natura e con il mondo che ci circonda. Integrate nella nostra routine quotidiana, queste pratiche possono diventare potenti strumenti per vivere una vita più armoniosa, significativa e soddisfacente.

# Capitolo 8: Connessione Autentica

L'autoconsapevolezza è un aspetto fondamentale del percorso di crescita personale e del raggiungimento del benessere emotivo e spirituale. Comprendere sé stessi e i propri valori è il primo passo verso una vita autentica e significativa, poiché ci consente di prendere decisioni consapevoli, intraprendere azioni coerenti con ciò che veramente siamo e perseguire obiettivi che rispecchiano la nostra vera natura e le nostre aspirazioni più profonde.

Cominciare a comprendere sé stessi richiede un atto di auto-esplorazione e riflessione. Significa guardare dentro di noi con sincerità e apertura, esaminando i nostri pensieri, emozioni, desideri, paure e aspirazioni senza giudizio o critica. Questo processo ci permette di acquisire una maggiore consapevolezza di chi siamo veramente al di là delle maschere che indossiamo nella vita di tutti i giorni e delle aspettative degli altri.

Un aspetto chiave è l'identificazione e la comprensione dei nostri valori fondamentali. I valori sono le nostre convinzioni più profonde su ciò che è importante nella vita, ciò che ci guida nel prendere decisioni e definisce ciò che consideriamo significativo e soddisfacente. Identificare i nostri valori ci aiuta a comprendere meglio ciò che ci motiva e ci ispira, e ci consente di vivere in armonia con ciò che veramente conta per noi.

Per comprendere sé stessi e i propri valori, può essere utile dedicare del tempo alla riflessione e all'auto-indagine. Ciò può includere la tenuta di un diario personale per esplorare i nostri pensieri e sentimenti, la pratica della meditazione per calmarci e connetterci con la nostra interiorità, e l'uso di strumenti come i test di valutazione dei valori per identificare i nostri principi guida.

Inoltre, possiamo imparare molto su noi stessi attraverso le nostre interazioni con gli altri. Le relazioni ci offrono uno specchio attraverso il quale possiamo vedere riflessa la nostra natura e comprendere meglio i nostri modi di pensare, comportarci e reagire agli eventi della vita. Essere aperti alle esperienze e ai feedback degli altri può essere un prezioso strumento per migliorare la nostra comprensione di noi stessi.

L'autoconsapevolezza è un viaggio continuo e in evoluzione che richiede pratica e impegno costante. È un processo di scoperta e crescita personale che può portare a una maggiore autenticità, integrità e realizzazione nella vita. Sviluppando una consapevolezza più profonda di noi stessi e dei nostri valori, possiamo prendere decisioni più informate, costruire relazioni più significative e vivere una vita più autentica e soddisfacente.

_Costruire relazioni autentiche e significative con gli altri_

Costruire relazioni autentiche e significative è un elemento cruciale per il nostro benessere emotivo e la nostra soddisfazione nella vita. Le relazioni ci forniscono sostegno, connessione e senso di appartenenza, e possono arricchire le nostre vite in modi profondi e significativi. Tuttavia, per sviluppare relazioni autentiche, è importante essere onesti, vulnerabili e autentici con gli altri.

Una delle chiavi per costruire relazioni autentiche è la comunicazione aperta e sincera. Questo significa essere disposti ad esprimere i nostri pensieri, sentimenti e bisogni in modo chiaro e rispettoso, e ad ascoltare attentamente gli altri senza giudicare o interrompere.

La comunicazione efficace ci permette di creare un senso di fiducia e intimità con gli altri, e di costruire relazioni basate sulla comprensione reciproca e la connessione emotiva.

È importante essere autentici e genuini nelle nostre interazioni con gli altri. Questo significa essere veri con noi stessi e con gli altri, condividendo le nostre esperienze, pensieri e sentimenti in modo aperto e sincero. Essere autentici ci permette di costruire relazioni basate sulla fiducia e l'onestà, e di creare legami più profondi e significativi con gli altri.

La vulnerabilità è un'altra componente essenziale delle relazioni autentiche. Essere vulnerabili significa essere disposti a mettere a nudo i nostri sentimenti e paure, e ad aprirci agli altri in modo sincero e senza difese. Anche se può sembrare spaventoso o rischioso, la vulnerabilità ci permette di creare un'intimità più profonda con gli altri, e di stabilire connessioni più autentiche e significative.

Importante è praticare l'empatia e la comprensione verso gli altri nelle relazioni. Questo significa essere sensibili ai bisogni, alle emozioni e alle esperienze degli altri, e dimostrare interesse e sostegno nei loro confronti. L'empatia ci permette di stabilire legami più solidi e di costruire relazioni basate sulla gentilezza, la compassione e la reciprocità.

Investire tempo e sforzi è essenziale nelle nostre relazioni per farle crescere e prosperare nel tempo. Questo può includere trascorrere del tempo di qualità insieme, condividere esperienze e interessi comuni, e affrontare i conflitti in modo costruttivo e rispettoso. Investire nella cura e nell'attenzione delle nostre relazioni ci permette di creare legami più forti e duraturi con gli altri, e di godere di una rete di sostegno e connessione nella nostra vita.

Costruire relazioni autentiche e significative con gli altri richiede impegno, onestà, vulnerabilità e cura. Sviluppando una comunicazione aperta e sincera, essendo autentici e genuini, praticando la vulnerabilità, dimostrando empatia e investendo nella cura delle nostre relazioni, possiamo creare legami più forti, profondi e significativi con gli altri, che arricchiscono le nostre vite e ci portano gioia e soddisfazione.

*Comunicazione efficace: ascolto attivo e assertività*

La comunicazione efficace è un elemento fondamentale per il successo delle relazioni interpersonali. Essa comprende due componenti chiave: l'ascolto attivo e l'assertività. Entrambi questi elementi sono cruciali per garantire una comunicazione chiara, rispettosa e significativa con gli altri.

L'ascolto attivo è una competenza fondamentale che coinvolge l'attenzione e la comprensione attenta di ciò che l'altra persona sta comunicando. Essere un ascoltatore attivo significa concentrarsi completamente sull'altra persona, mettendo da parte le distrazioni e le proprie preoccupazioni, e dimostrando un interesse genuino per ciò che viene detto. Questo coinvolge l'uso di linguaggio non verbale, come il contatto visivo e il linguaggio del corpo aperto, per mostrare all'altra persona che siamo impegnati nella conversazione e interessati a ciò che sta condividendo. Inoltre, l'ascolto attivo comprende anche la pratica della riflessione, cioè il ripetere o riassumere ciò che è stato detto per confermare di aver compreso correttamente i messaggi dell'altra persona.

L'assertività è un'altra competenza importante nella comunicazione efficace e coinvolge la capacità di esprimere i propri pensieri, sentimenti e bisogni in modo chiaro, diretto e rispettoso. Essere assertivi significa comunicare in modo aperto e onesto senza essere aggressivi o passivi. Questo coinvolge l'uso di un linguaggio chiaro e assertivo, il riconoscimento dei propri diritti e bisogni, e la capacità di stabilire confini sani nelle relazioni. Essere assertivi ci consente di comunicare in modo efficace e di difendere i nostri interessi senza violare i diritti degli altri, e ci aiuta a costruire relazioni basate sul rispetto reciproco e sulla comprensione.

Una comunicazione efficace è anche caratterizzata dalla capacità di gestire i conflitti in modo costruttivo e rispettoso. Questo coinvolge la capacità di affrontare i conflitti apertamente e onestamente, di ascoltare attentamente il punto di vista dell'altra persona, e di cercare soluzioni che soddisfino entrambe le parti. Essere in grado di comunicare efficacemente durante i momenti di conflitto ci consente di risolvere le divergenze in modo pacifico e di mantenere la qualità delle nostre relazioni.

Infine, la comunicazione efficace richiede anche la consapevolezza di noi stessi e degli altri. Questo coinvolge la capacità di riconoscere e gestire le nostre emozioni durante le interazioni, e di essere sensibili ai sentimenti e ai bisogni degli altri. Essere consapevoli di noi stessi e degli altri ci consente di comunicare in modo rispettoso e compassionevole, e di costruire relazioni basate sulla comprensione e sull'empatia reciproca.

La comunicazione efficace è essenziale per il successo delle relazioni interpersonali. Essa comprende l'ascolto attivo, l'assertività, la gestione dei conflitti e la consapevolezza di sé e degli altri. Sviluppando queste competenze, possiamo migliorare la qualità delle nostre relazioni, costruire legami più forti e significativi con gli altri, e godere di una comunicazione più chiara, rispettosa e soddisfacente.



## *Empatia e connessione: esercizi per coltivare la comprensione verso gli altri*

L'empatia e la connessione sono elementi fondamentali nelle relazioni umane, poiché ci permettono di comprendere e condividere i sentimenti e le esperienze degli altri. Coltivare l'empatia ci consente di stabilire connessioni più profonde e significative con gli altri e di promuovere un senso di comprensione e compassione reciproca. Esistono diversi esercizi che possiamo praticare per sviluppare e potenziare la nostra capacità di empatia e connessione con gli altri.

Un esercizio utile per coltivare l'empatia è la pratica dell'ascolto attivo e compassionevole. Questo coinvolge l'essere presenti e totalmente concentrati durante le interazioni con gli altri, mettendo da parte le distrazioni e le preoccupazioni personali e dimostrando un interesse genuino per ciò che l'altra persona sta comunicando. Possiamo praticare l'ascolto attivo chiedendo domande aperte, riflettendo sulle emozioni e i sentimenti dell'altra persona e dimostrando empatia attraverso il linguaggio del corpo e l'espressione facciale.

Un altro esercizio efficace per coltivare l'empatia è il praticare la prospettiva prendendo in considerazione il punto di vista dell'altra persona e cercando di capire le loro esperienze, emozioni e punti di vista. Possiamo immaginare come ci sentiremmo al loro posto e cercare di vedere le cose dal loro punto di vista. Questo esercizio ci aiuta a sviluppare una maggiore sensibilità e comprensione verso gli altri e a promuovere un senso di connessione e solidarietà reciproca.

La pratica della gratitudine è anche un modo efficace per coltivare l'empatia e la connessione con gli altri. Prendere del tempo ogni giorno per riflettere su ciò per cui siamo grati e per esprimere apprezzamento per le persone nelle nostre vite ci aiuta a sviluppare un senso di gratitudine e riconoscenza verso gli altri. Questo ci permette di stabilire legami più profondi e significativi con gli altri e di promuovere un senso di connessione e appartenenza reciproca.

Un altro esercizio che possiamo praticare per coltivare l'empatia è quello di mettersi nei panni degli altri e immaginare come si sentirebbero in determinate situazioni. Possiamo fare questo esercizio pensando a una situazione difficile o stressante che qualcuno sta affrontando e immaginando come ci si sentirebbe al loro posto. Questo ci aiuta a sviluppare una maggiore comprensione e compassione verso gli altri e a promuovere un senso di connessione e solidarietà reciproca.

Infine, la pratica della gentilezza e della generosità è un altro modo efficace per coltivare l'empatia e la connessione con gli altri. Prendere del tempo per fare atti di gentilezza e generosità verso gli altri, anche se sono piccoli gesti, ci aiuta a sviluppare un senso di vicinanza e comprensione reciproca. Questo ci permette di stabilire relazioni più positive e significative con gli altri e di promuovere un senso di connessione e solidarietà nella nostra comunità.

Ci sono molti esercizi che possiamo praticare per coltivare l'empatia e la connessione con gli altri. L'ascolto attivo e compassionevole, la prospettiva prendendo in considerazione il punto di vista degli altri, la pratica della gratitudine, l'immaginazione e la gentilezza sono tutti modi efficaci per sviluppare una maggiore comprensione e compassione verso gli altri e promuovere un senso di connessione e solidarietà reciproca.

Sviluppare relazioni sane e sostenibili è fondamentale per il nostro benessere emotivo e la nostra felicità complessiva. Tuttavia, questo processo richiede impegno, consapevolezza e capacità di comunicazione efficace. Ecco alcuni consigli pratici per costruire e mantenere relazioni positive e durature:

Comunicazione aperta e onesta: La base di qualsiasi relazione sana è una comunicazione aperta e onesta. È importante essere trasparenti nei confronti del partner o dell'amico, esprimere i propri sentimenti e bisogni in modo chiaro e rispettoso e ascoltare attentamente ciò che l'altra persona ha da dire. Evitare di tenere nascosti i sentimenti o di risolvere i conflitti con passività o aggressività.

Rispetto reciproco: Il rispetto reciproco è essenziale per costruire relazioni sane. Significa trattare gli altri con gentilezza, cortesia e considerazione, rispettando i loro confini, le loro opinioni e i loro bisogni. Evitare comportamenti come la critica costante, il giudizio o il disprezzo, che possono danneggiare la fiducia e l'intimità nella relazione.

Stabilire confini sani: È importante stabilire confini chiari e rispettarli sia per se stessi che per gli altri. Questo significa comunicare i propri limiti e aspettative nella relazione e rispettare quelli degli altri. Stabilire confini sani aiuta a prevenire il risentimento e a promuovere il rispetto reciproco e la comprensione.

Sostenere l'indipendenza e l'autonomia: Anche se è importante condividere interessi e attività con il partner o gli amici, è altrettanto importante rispettare l'indipendenza e l'autonomia di ciascuna persona. Consentire all'altra persona di perseguire i propri interessi, hobby e obiettivi personali senza sentirsi minacciati o controllati promuove un senso di libertà e autenticità nella relazione.

Condividere momenti di gioia e supporto durante le difficoltà: Costruire relazioni sane significa condividere sia i momenti felici che quelli difficili con il partner o gli amici. Essere presenti per l'altra persona durante i momenti di difficoltà, offrire sostegno emotivo e pratico e celebrare insieme i successi promuove un senso di connessione e vicinanza reciproca.

Coltivare la gratitudine e l'apprezzamento reciproco: Mostrare gratitudine e apprezzamento per il partner o gli amici è importante per mantenere vivo l'amore e l'affetto nella relazione. Prendere del tempo ogni giorno per esprimere riconoscimento e gratitudine per le qualità, le azioni e i gesti gentili dell'altra persona rafforza il legame emotivo e promuove un clima di fiducia e appoggio reciproco.

Risolvere i conflitti in modo costruttivo: I conflitti sono inevitabili in ogni relazione, ma è importante affrontarli in modo costruttivo e rispettoso. Ascoltare attentamente il punto di vista dell'altra persona, cercare di comprendere le sue esigenze e cercare soluzioni che soddisfino entrambi promuove la comprensione e la cooperazione nella relazione.

Nutrire l'intimità e la connessione emotiva: Infine, è essenziale nutrire l'intimità e la connessione emotiva nella relazione. Ciò può includere atti di gentilezza e romanticismo, momenti di condivisione profonda e sincera, e il mantenimento di una comunicazione aperta e autentica. Investire tempo ed energia nell'approfondire la connessione emotiva con il partner o gli amici rafforza il legame tra le persone e promuove un senso di appartenenza e fiducia reciproca.

In conclusione, sviluppare relazioni sane e sostenibili richiede impegno, consapevolezza e capacità di comunicazione efficace. Seguire questi consigli pratici può aiutare a costruire e mantenere relazioni positive, rispettose e soddisfacenti che arricchiscono la nostra vita e promuovono il nostro benessere emotivo e relazionale.

# Capitolo 9: La Quiete dell'Anima

La pratica della meditazione ha radici antiche ed è stata tramandata attraverso molte tradizioni spirituali e culturali. Oggi, è diventata una componente essenziale della nostra ricerca di pace interiore e benessere complessivo. La meditazione non è solo una tecnica di rilassamento, ma è anche una pratica che porta numerosi benefici per la mente, il corpo e lo spirito.

Innanzitutto, la meditazione si basa su principi fondamentali di consapevolezza e presenza mentale. Essa ci insegna a concentrarci sul momento presente, lasciando andare i pensieri riguardanti il passato o il futuro. Attraverso la pratica regolare della meditazione, possiamo sviluppare una maggiore consapevolezza di noi stessi, dei nostri pensieri e delle nostre emozioni, permettendoci di rispondere alla vita con maggiore chiarezza e calma.

Uno dei principali benefici della meditazione è la riduzione dello stress e dell'ansia. La pratica regolare della meditazione ha dimostrato di ridurre i livelli di cortisolo, l'ormone dello stress, nel corpo, e di favorire una maggiore sensazione di calma e serenità. Attraverso la meditazione, impariamo a gestire meglio lo stress e le pressioni della vita quotidiana, sviluppando una maggiore resilienza emotiva e una migliore capacità di affrontare le sfide.

Oltre alla riduzione dello stress, la meditazione porta numerosi benefici per la salute mentale. Studi scientifici hanno dimostrato che la meditazione può ridurre i sintomi di ansia, depressione e disturbi dell'umore, migliorando il benessere psicologico complessivo. La pratica regolare della meditazione favorisce una maggiore stabilità emotiva, una maggiore capacità di concentrazione e una maggiore sensazione di felicità e soddisfazione nella vita.

Ma i benefici della meditazione non si limitano alla sfera mentale; essa ha anche un impatto positivo sul corpo fisico. La meditazione può aiutare a ridurre la pressione sanguigna, migliorare la qualità del sonno, rafforzare il sistema immunitario e ridurre il rischio di malattie cardiache e altri disturbi correlati allo stress. Inoltre, la pratica della meditazione può favorire una maggiore consapevolezza del proprio corpo e delle proprie sensazioni fisiche, consentendoci di vivere in modo più consapevole e equilibrato.

Infine, la meditazione è anche una pratica spirituale che ci connette con la nostra dimensione più profonda e spirituale. Attraverso la meditazione, possiamo sperimentare un senso di connessione con il mondo che ci circonda e con il divino, se lo desideriamo. La meditazione ci invita a esplorare il nostro mondo interiore, a scoprire la nostra vera natura e a coltivare una maggiore compassione e amore verso noi stessi e gli altri.

La meditazione è una pratica potente che porta numerosi benefici per la mente, il corpo e lo spirito. Attraverso la meditazione, possiamo sviluppare una maggiore consapevolezza, ridurre lo stress e l'ansia, migliorare la salute mentale e fisica e coltivare una maggiore connessione con il nostro sé interiore e con il mondo che ci circonda. Integrare la meditazione nella nostra routine quotidiana può portare cambiamenti positivi duraturi nella nostra vita e nel nostro benessere complessivo.

Per coloro che sono nuovi alla pratica della meditazione, può essere utile seguire una guida passo-passo per iniziare. Ecco una semplice guida per le pratiche di meditazione per principianti, che può aiutare a creare una base solida per la tua pratica:

Preparazione dell'ambiente: Trova un luogo tranquillo e confortevole dove puoi sederti senza essere disturbato. Può essere un angolo della tua casa, un parco tranquillo o qualsiasi altro posto che ti faccia sentire a tuo agio.

- Postura: siediti in modo confortevole, con la schiena dritta ma non tesa. Puoi sederti su una sedia con i piedi appoggiati a terra o sul pavimento con le gambe incrociate. Le mani possono riposare sulle gambe o giungere in grembo con le dita che si toccano leggermente.

- Respirazione consapevole: Inizia portando l'attenzione sulla tua respirazione. Respira profondamente attraverso il naso, riempiendo i polmoni di aria, e poi espira lentamente attraverso la bocca. Concentrati sul ritmo naturale del tuo respiro, osservando come l'aria entra e esce dal tuo corpo.

- Focalizzazione dell'attenzione: scegli un punto focale per la tua meditazione, come la sensazione del respiro che entra ed esce dal tuo corpo, oppure un mantra o una parola ripetuta mentalmente. Quando la tua mente inizia a vagare, riporta gentilmente l'attenzione al tuo punto focale senza giudizio.

- Accettazione e non giudizio: durante la pratica della meditazione, è normale che la mente divaghi e che si verifichino pensieri e distrazioni. L'importante è accettare queste esperienze senza giudizio o auto-critica. Ogni volta che ti rendi conto di essere stato distratto, semplicemente riporta la tua attenzione al tuo punto focale con gentilezza e compassione.

- Persistenza e pazienza: la meditazione è una pratica che richiede tempo e dedizione per essere padroneggiata. Non aspettarti di ottenere risultati immediati e non ti scoraggiare se la tua mente è irrequieta all'inizio. Con la pratica costante, noterai gradualmente i benefici della meditazione nella tua vita quotidiana.

- Gradualità: inizia con sessioni di meditazione più brevi, di solito da 5 a 10 minuti al giorno, e poi aumenta gradualmente la durata man mano che diventi più confortevole con la pratica. Puoi anche esplorare diverse tecniche di meditazione, come la meditazione guidata, la mindfulness e la meditazione sui chakra, per trovare quella che funziona meglio per te.

Ricorda che non c'è un modo "giusto" o "sbagliato" di praticare la meditazione; quindi, sperimenta e trova ciò che risuona di più con te. L'importante è coltivare una pratica regolare e costante che ti aiuti a sviluppare consapevolezza, calma e serenità nella tua vita quotidiana.

*Trovare la tranquillità mentale nella vita quotidiana: esercizi di mindfulness.*

La tranquillità mentale nella vita quotidiana è un obiettivo per molti, ma può sembrare difficile in un mondo frenetico e pieno di distrazioni. Tuttavia, con la pratica della mindfulness, è possibile coltivare la pace interiore e la calma anche nelle circostanze più stressanti. Ecco alcuni esercizi di mindfulness che puoi integrare nella tua routine quotidiana per trovare la tranquillità mentale:

- Consapevolezza della respirazione: dedica alcuni minuti ogni giorno a praticare la consapevolezza della respirazione. Siediti in modo confortevole, chiudi gli occhi e porta l'attenzione sulla tua respirazione. Nota il movimento del respiro mentre entra ed esce dal tuo corpo, senza cercare di controllarlo. Questo esercizio ti aiuterà a rilassarti e a riconnetterti con il momento presente.

- Consapevolezza dei sensi: dedica del tempo ogni giorno a essere consapevole dei tuoi sensi. Puoi farlo durante attività quotidiane come mangiare, camminare o fare la doccia. Focalizza l'attenzione su ciò che vedi, senti, odori, gusti e tocchi. Nota i dettagli e le sensazioni senza giudizio, semplicemente osservando il momento presente.

- Pratica della gratitudine: ogni giorno, prenditi un momento per riflettere su ciò per cui sei grato. Potresti tenere un diario della gratitudine in cui annoti tre cose per cui sei grato ogni giorno, o semplicemente dedicare alcuni istanti a pensare a ciò che ti rende felice e grato nella tua vita. La pratica della gratitudine ti aiuterà a concentrarti sui lati positivi della vita e a sviluppare una prospettiva ottimista.

- Ascolto attivo: durante le conversazioni con gli altri, pratica l'ascolto attivo. Focalizza l'attenzione su ciò che l'altra persona sta dicendo senza interruzioni o distrazioni. Cerca di comprendere veramente il punto di vista dell'altra persona e rispondi con empatia e comprensione. L'ascolto attivo può aiutarti a creare connessioni più profonde con gli altri e a ridurre lo stress nelle interazioni sociali.

- Passeggiate mindful: durante le tue passeggiate quotidiane, pratica la consapevolezza del camminare. Focalizza l'attenzione sui movimenti del tuo corpo, sul contatto dei piedi con il terreno e sul paesaggio circostante. Respira profondamente e goditi il senso di libertà e di connessione con la natura. Le passeggiate mindful possono aiutarti a rilassarti, a rinnovare le energie e a riconnetterti con te stesso e con il mondo che ti circonda.

- Pause di consapevolezza: durante la giornata, prenditi delle pause brevi per praticare la consapevolezza. Puoi fare una pausa di consapevolezza ogni volta che ti senti stressato o sopraffatto dalle emozioni. Siediti in modo confortevole, chiudi gli occhi e porta l'attenzione sulla tua respirazione per alcuni minuti. Questo breve esercizio ti aiuterà a ritrovare la calma e la chiarezza mentale.

Integrando questi esercizi di mindfulness nella tua routine quotidiana, potrai trovare la tranquillità mentale anche nelle circostanze più impegnative. Ricorda che la pratica della mindfulness richiede costanza e dedizione, ma i benefici per il benessere mentale e emotivo ne varranno sicuramente la pena.

## *Tecniche per gestire ansia e stress: respirazione profonda, visualizzazione*

Gestire l'ansia e lo stress è essenziale per mantenere un equilibrio mentale ed emotivo nella vita quotidiana. Esistono diverse tecniche efficaci che possono aiutare a ridurre i livelli di ansia e stress, consentendo di affrontare le sfide con maggiore calma e serenità. Tra queste, la respirazione profonda e la visualizzazione sono due pratiche che possono produrre benefici immediati e duraturi.

La respirazione profonda è una tecnica semplice ma potente per calmare la mente e il corpo. Consiste nel respirare lentamente e profondamente attraverso il diaframma, riempiendo i polmoni di aria e poi espirando completamente. Puoi praticare la respirazione profonda in qualsiasi momento e in qualsiasi luogo, e può essere particolarmente utile durante momenti di stress o tensione. Concentrati sul ritmo del tuo respiro, inspirando per contare fino a quattro e poi espirando per contare sempre fino a quattro. Ripeti questo ciclo per alcuni minuti, lasciando che la tua mente e il tuo corpo si rilassino gradualmente.

La visualizzazione è un'altra tecnica efficace per gestire l'ansia e lo stress. Consiste nel creare immagini mentali rilassanti e positive che ti aiutino a distogliere l'attenzione dai pensieri ansiosi e a rilassare la mente e il corpo. Puoi immaginare di trovarti in un luogo tranquillo e sereno, come una spiaggia deserta o una foresta rigogliosa, e immergerti completamente in questa immagine mentale. Concentrati sui dettagli del luogo immaginato: i suoni, i colori, gli odori e le sensazioni fisiche. Visualizza te stesso che respiri profondamente e che ti senti calmo e sereno. Questa pratica può aiutarti a ridurre la tensione muscolare, a rallentare il battito cardiaco e a rilassare la mente, favorendo uno stato di benessere generale.

Oltre alla respirazione profonda e alla visualizzazione, esistono altre tecniche che possono essere utili per gestire l'ansia e lo stress. Queste includono la meditazione, lo yoga, l'esercizio fisico regolare e la pratica di hobby rilassanti come la lettura o la pittura. Trova le tecniche che funzionano meglio per te e integrale nella tua routine quotidiana per migliorare il tuo benessere complessivo.

È importante ricordare che la gestione dell'ansia e dello stress è un processo individuale e che ciò che funziona per una persona potrebbe non funzionare necessariamente per un'altra. Sperimenta diverse tecniche e osserva quali ti portano maggiore sollievo e tranquillità. Con la pratica costante e la pazienza, sarai in grado di sviluppare un repertorio di strumenti efficaci per gestire con successo l'ansia e lo stress e mantenere un equilibrio mentale ed emotivo nella vita quotidiana.

*Creare una pratica di pace interiore duratura: consigli per la meditazione quotidiana*

Creare una pratica di pace interiore attraverso la meditazione quotidiana è un modo efficace per coltivare un senso di calma e serenità nella tua vita. La meditazione è una pratica millenaria che coinvolge il focalizzare l'attenzione su un oggetto, un'immagine o un'idea, allo scopo di calmare la mente e ridurre lo stress. Ecco alcuni consigli per sviluppare e mantenere una pratica di meditazione quotidiana che possa portare pace interiore duratura.

Inizia con una breve sessione di meditazione ogni giorno. Anche solo cinque o dieci minuti possono fare la differenza. Trova un luogo tranquillo e confortevole dove sederti in modo da poterti concentrare senza distrazioni. Puoi scegliere di meditare al mattino per iniziare la giornata con tranquillità, oppure prima di dormire per rilassare la mente e favorire un sonno riposante. L'importante è creare una routine che funzioni per te e che sia sostenibile nel lungo termine.

Scegli un metodo di meditazione che ti risuoni. Ci sono diverse tecniche di meditazione tra cui scegliere, tra cui la meditazione guidata, la meditazione basata sulla respirazione, la meditazione mantra e la mindfulness. Esplora diverse pratiche e scopri quale ti piace di più e ti fa sentire più a tuo agio. Puoi anche sperimentare con diverse tecniche per trovare quella che funziona meglio per te in momenti diversi della giornata.

Pratica la meditazione con regolarità e costanza. Anche se può essere difficile restare concentrati all'inizio, persevera nella tua pratica e sarai in grado di notare i benefici nel tempo. Non preoccuparti se la tua mente vagabonda durante la meditazione; è normale. L'importante è notare quando la tua mente si allontana e riportare gentilmente la tua attenzione all'oggetto della meditazione.

Coltiva la gentilezza e la compassione verso te stesso durante la pratica di meditazione. Non giudicarti duramente se la tua mente è irrequieta o se fai fatica a mantenere la concentrazione. La meditazione è un processo di apprendimento e crescita, e ci vuole tempo per sviluppare la capacità di calmarla mente. Sii paziente e amorevole verso te stesso durante la tua pratica.

Sfrutta il potere della consapevolezza nel tuo quotidiano. La meditazione non si limita alla pratica formale seduta; puoi portare la consapevolezza nel tuo quotidiano prestando attenzione consapevole a ogni momento. Puoi essere consapevole mentre mangi, mentre cammini o mentre fai le faccende domestiche. La consapevolezza ti aiuta a vivere nel momento presente e a goderti appieno ogni esperienza.

Infine, mantieni un atteggiamento aperto e sperimentale verso la tua pratica di meditazione. Ogni giorno è diverso, e ogni sessione di meditazione è un'opportunità per imparare qualcosa di nuovo su te stesso e sulla tua mente. Non c'è modo "sbagliato" di meditare, quindi abbraccia il processo e lascia che la tua pratica si evolva naturalmente nel corso del tempo.

# Conclusione

Nella conclusione di questo viaggio di crescita personale, è importante riflettere sui principi chiave che abbiamo esplorato e che ci hanno accompagnato lungo il cammino. Abbiamo imparato che la felicità è un viaggio interiore, che può essere coltivato attraverso la gratitudine, l'ottimismo e la consapevolezza. Abbiamo scoperto il potere del pensiero positivo e della resilienza nel superare le sfide della vita e trasformarle in opportunità di crescita. Abbiamo imparato a trovare equilibrio e serenità nella nostra vita quotidiana, e ad approcciare le relazioni con empatia, comprensione e autenticità.

Questi principi non sono solo concetti astratti, ma sono diventati parte integrante del nostro modo di vivere e di essere. Abbiamo sperimentato i benefici della crescita personale nella nostra vita quotidiana e siamo diventati testimoni del suo potenziale trasformativo. Ci siamo resi conto che il viaggio di crescita personale è un processo continuo e in evoluzione, che richiede impegno, pazienza e dedizione costante.

Pertanto, incoraggio ciascuno di voi a intraprendere il proprio percorso di crescita personale con coraggio e determinazione. Che tu stia appena iniziando il tuo viaggio o che tu sia già lungo il cammino, ricorda che ogni passo avanti è un passo verso una vita più piena, più autentica e più soddisfacente. Sii gentile con te stesso e con gli altri lungo il percorso, e ricorda che anche i piccoli progressi sono degni di celebrazione.

Infine, desidero esprimere un profondo ringraziamento a te, caro lettore, per avermi accompagnato in questo viaggio. Grazie per aver condiviso il tuo tempo, la tua energia e il tuo cuore con me mentre esploravamo insieme le profondità della crescita personale. Spero che le parole e le idee contenute in questo libro ti abbiano ispirato, motivato e guidato lungo il tuo percorso di crescita.

Con infinita gratitudine,
Gabriele Forte

# **Appendice**

Pratica della gratitudine giornaliera: Ogni sera, prenditi qualche minuto per annotare tre cose per cui sei grato nella tua giornata. Questo semplice esercizio ti aiuterà a coltivare un atteggiamento di gratitudine, focalizzandoti sui positivi della tua vita anche durante i momenti difficili.

Journaling della felicità: Dedica un po' di tempo ogni giorno a scrivere su un diario della felicità, registrando momenti di gioia, soddisfazione o gratitudine che hai sperimentato. Rileggere queste annotazioni in momenti di difficoltà può aiutarti a mantenere un atteggiamento ottimista.

Pratica della respirazione consapevole: Dedica alcuni minuti ogni giorno alla pratica della respirazione consapevole. Siediti in un luogo tranquillo, chiudi gli occhi e concentra la tua attenzione sul respiro, osservandolo senza cercare di cambiarlo. Questo esercizio ti aiuterà a ritrovare calma e serenità mentale.

Visualizzazione creativa: Immagina vivamente te stesso raggiungere i tuoi obiettivi e vivere la vita dei tuoi sogni. Utilizza tutti i tuoi sensi per rendere la visualizzazione il più realistica possibile. Questa pratica può aiutarti a mantenere alta la motivazione e a attrarre nella tua vita ciò che desideri.

Riflessione sulla resilienza: Prenditi del tempo per riflettere sulle sfide che hai superato nel passato e su come hai affrontato tali situazioni. Identifica le tue risorse personali e le strategie che hai utilizzato per superare le difficoltà. Questo esercizio ti aiuterà a rafforzare la tua fiducia nelle tue capacità di fronteggiare le sfide future.

Questi sono solo alcuni esempi di esercizi pratici che potresti trovare nell'appendice. Ogni esercizio è progettato per essere accessibile, ma anche profondo ed efficace nel promuovere la tua crescita personale e il tuo benessere. Sperimenta con diversi esercizi e scopri quali funzionano meglio per te nel tuo percorso di sviluppo personale.

_Meditazione per la felicità:_ in questa meditazione, sarai guidato attraverso una serie di visualizzazioni e affermazioni volte a coltivare un senso di gioia e gratitudine nella tua vita. Ti concentrerai su ricordi felici, su momenti di gioia e su aspetti positivi della tua vita, rafforzando così la tua capacità di vedere il bello anche nelle piccole cose.

_Meditazione per l'ottimismo:_ durante questa meditazione, sarai guidato a esplorare e rafforzare il tuo atteggiamento mentale positivo. Attraverso visualizzazioni e affermazioni, ti concentrerai sull'apertura verso le possibilità, sull'affrontare le sfide con coraggio e sull'accettazione di ciò che non puoi cambiare, coltivando così un'ottica ottimistica sulla vita.

_Meditazione per la resilienza:_ questa meditazione ti aiuterà a sviluppare e rafforzare la tua resilienza emotiva. Sarai guidato attraverso esercizi di consapevolezza e di respirazione per imparare a gestire lo stress, ad accettare le difficoltà e a trovare forza interiore anche nei momenti più impegnativi.

*Meditazione per la pace interiore:* durante questa meditazione, sarai condotto in un viaggio verso la pace e la serenità interiore. Attraverso la pratica della consapevolezza e del rilassamento, ti concentrerai sul lasciar andare le preoccupazioni, sul riconnetterti con il tuo respiro e sul coltivare uno stato di calma e tranquillità nella tua mente e nel tuo corpo.

Queste meditazioni guidate sono progettate per essere utilizzate in momenti di bisogno o come parte della tua pratica regolare di mindfulness. Ogni meditazione ti offre uno spazio sicuro per esplorare i tuoi pensieri, le tue emozioni e il tuo benessere interiore, aiutandoti così a coltivare una mente e un cuore più felici, ottimisti, resilienti e in pace.

**Libri:**

"Il potere del now" di *Eckhart Tolle*: Un bestseller internazionale che insegna a vivere nel presente e lasciar andare il passato e il futuro.

"La trappola della felicità" di *Russ Harris*: Un libro che spiega come la ricerca ossessiva della felicità può essere controproducente e fornisce consigli per coltivare una vera e propria resilienza psicologica.

"Le sette abitudini delle persone altamente efficaci" di *Stephen Covey*: Un classico della crescita personale che presenta sette principi per vivere una vita più efficace e appagante.

"Sapiens. Breve storia dell'umanità " di *Yuval Noah Harari*: Un libro che ci aiuta a comprendere la storia della nostra specie e il nostro posto nel mondo.

"Il coraggio di non essere perfetto" di *Brené Brown*: Un libro che ci insegna ad accettare la nostra vulnerabilità e ad abbracciare l'imperfezione.

**Siti web:**

<u>Thrive Global</u>: Un sito web fondato da Arianna Huffington che offre consigli e risorse per migliorare il benessere mentale, fisico e finanziario.
<u>Psicologia Italiana</u>: Un sito web con articoli e approfondimenti su psicologia, benessere e crescita personale.
<u>Accademia del Benessere</u>: Un sito web con corsi online e video gratuiti su diversi aspetti della crescita personale.
<u>Caffè Letterario</u>: Un sito web con recensioni di libri, consigli di lettura e interviste ad autori. Barricate: Un sito web che offre contenuti di approfondimento su cultura, società e politica.

## Articoli:

"<u>Come coltivare la resilienza psicologica</u>" di *Francesco Bottaccioli* (Psicologia Italiana)
"<u>L'importanza dell'autocompassione</u>" di *Maria Beatrice Toro* (Thrive Global)
"<u>Perché la felicità non è la cosa più importante</u>" di *Russ Harris* (Accademia del Benessere)
"<u>Il potere del silenzio</u>" di *Piero Ferrucci* (Caffè Letterario)
"<u>La trappola della crescita personale</u>" di *Mark Manson* (Barricate)

**Organizzazioni:**

<u>Scuola di Coaching</u>: Una scuola di coaching con sede a Milano e Roma che offre corsi di formazione per diventare coach professionisti.

<u>Associazione Italiana di Psicologia</u>: L'associazione professionale degli psicologi italiani.

<u>Centro di Psicologia Cognitiva</u>: Un centro di psicologia cognitiva con sede a Roma che offre terapia, formazione e ricerca.

<u>Fondazione Humanitas</u>: Una fondazione che promuove la ricerca scientifica e la cura delle malattie. <u>Save the Children</u>: Un'organizzazione internazionale che si occupa della tutela dei diritti dei bambini.

Se pensi che questo libro ti sia piaciuto

e ti abbia aiutato ti chiedo solo

di dedicare pochi secondi a lasciare

una breve recensione su Amazon!

Grazie,

Gabriele Forte